江苏省高校优势学科建设工程项目资助

幼儿智慧体育教程

审　定　朱家雄

主　编　王家宏　陆阿明

副主编　韩振杰　李　梁

参　编　陆勤芳　刘如强　钱志强　杨　桃

杜兆峰　王绪科　滑立栋

配　图　崔李明　李　鹏

苏州大学出版社

Soochow University Press

图书在版编目（CIP）数据

幼儿智慧体育教程/王家宏，陆阿明主编. —苏州：苏州大学出版社，2021. 7
ISBN 978-7-5672-3602-8

Ⅰ. ①幼… Ⅱ. ①王… ②陆… Ⅲ. ①体育课-学前教育-教学参考资料 Ⅳ. ①G613

中国版本图书馆 CIP 数据核字（2021）第 117782 号

幼儿智慧体育教程
王家宏　陆阿明　主编
责任编辑　施小占

苏州大学出版社出版发行
（地址：苏州市十梓街 1 号　邮编：215006）
苏州市深广印刷有限公司印装
（地址：苏州市高新区浒关工业园青花路 6 号 2 号厂房　邮编：215151）

开本 787 mm×1 092 mm　1/16　印张 16. 75　字数 301 千
2021 年 7 月第 1 版　2021 年 7 月第 1 次印刷
ISBN 978-7-5672-3602-8　定价：65. 00 元

若有印装错误，本社负责调换
苏州大学出版社营销部　电话：0512-67481020
苏州大学出版社网址　http://www.sudapress.com
苏州大学出版社邮箱　sdcbs@suda.edu.cn

序　言

幼儿是国家的希望和民族的未来，增强幼儿体质健康水平、促进其健康成长是国家一直关注的重要问题。2012年10月，教育部颁布的《3—6岁儿童学习与发展指南》着重强调要充分认识生活和游戏对幼儿成长的教育价值，提出要“激发幼儿参加体育活动的兴趣，养成锻炼的习惯”。2019年9月，国务院办公厅印发的《体育强国建设纲要》在“重大工程三”中提出，要“推进幼儿体育发展，完善政策和保障体系；推进幼儿体育项目和幼儿体育器材标准体系建设，引导建立幼儿体育课程体系和师资培养体系”。随着“健康中国”“全民健身”“体育强国建设”等一系列国家战略的颁布和实施，政府、社会对幼儿体质健康的关注程度不断提升，幼儿体育发展得到了前所未有的重视。鉴于此，为了更好地开展幼儿体育，促进幼儿园体育课教学质量的提高，给予幼儿良好的体育思维引导，培养幼儿体育锻炼的兴趣，我们组织编写了这本《幼儿智慧体育教程》。

本教程根据幼儿身心发展特点和需要及幼儿教学的特点，提出了“幼儿智慧体育”的概念，在此理念指导下，合理选择幼儿体育教学内容，并适当增加智能教学和智能学习元素，以实现幼儿体育教学内容的智慧选、教学用具与环境的智慧造、身心发展数据的智慧测和教学效果的智慧评。本教程共有六章内容，分别为幼儿智慧体育概述、幼儿动作发展、幼儿体操、幼儿足球、幼儿篮球、幼儿体育游戏。第一章主要概述了幼儿智慧体育的相关问题，明确了幼儿智慧体育的概念，阐述了实施幼儿智慧体育教学的必要性和具体方法。第二章从幼儿基本动作发展的角度，融合田径项目的部分内容，架构了幼儿在动作发展方面需要学习和掌握的基本动作技能。第三至五章从培养幼儿接触和学习运动专项项目的角度，选择了幼儿容易学习和幼儿园易于开展的运动项目，包括体操、足球和篮球，介绍了在幼儿阶段可以学习和掌握的运动技术动作。第六章以体育游戏的视角，融合促进幼儿身心健康发展的目标，从团队合作、心理发展和体能增强三方面，设计相应的幼儿体育游戏内容。

本教程的适用范围为：可以作为一线幼儿教育工作者，特别是组织实施幼儿体育活动的幼儿老师，以及各类幼儿体育培训机构的幼儿体育教育者的参考书；能为设置幼儿体育活动主题和编写相应教案提供指导，通过其中提示的幼儿体育环境和设施的智能化改造，优化幼儿体育环境设计，也能为体育活动组织实施者提供创造性的活动设计；适合对幼儿体育教育感兴趣的家长阅读，可以作为家长进行亲子体育活动的参考书；可以作为各类幼儿体育研究者的参考用书。

研究幼儿智慧体育是一项非常复杂的工程，本教程对幼儿智慧体育的研究只能说是“窥其一角”，还处于初始阶段，以期起到的是抛砖引玉的作用，亟待更多的专家、学者从理论和实践上进行丰富和解读。

本教程由苏州大学金羲智慧幼儿体育协同创新中心和苏州大学金羲幼儿智慧体育研究中心策划组织编写，王家宏教授、陆阿明教授担任主编，韩振杰、李梁担任副主编，具体分工如下：陆阿明编写第一章，陆勤芳编写第二、三章，刘如强编写第四章和第六章第一、二节，钱志强编写第五章和第六章第三节，最后由王家宏、陆阿明和杨桃负责全书统稿。

由于编写组水平有限，不足之处在所难免，望同行与读者不吝赐教。

编　者

2021 年 4 月

目录

第一章

幼儿智慧体育概述

幼儿期是人类生命成长过程中的一个重要阶段，在我国一般是指 3—6 周岁这一段时期。这段时期是儿童进入幼儿园接受教育的时期，因此也称学龄前期。人类在幼儿期的生长发育速度相对于婴儿期变慢，但动作和语言能力均逐步提高，能跳跃攀登，又能唱歌画图，开始识字写字，社会集体活动增多，好奇多问，可塑性很强。幼儿的成长离不开运动的观念已经在教育界达成共识，这是基于运动与幼儿动作和语言的发育、心智和心理的成长、团队和规则意识的建立的密切关系，以及运动在促进幼儿体格发育、体质增强方面的不可替代作用的事实。但是幼儿园是否需要体育教育却争论颇多，焦点在于设置教学目标和任务的体育教育是否会限制幼儿的个性发展，体育教育衍生的运动竞赛是否会影响部分幼儿正常的心理发展。因此，苏州大学金羲幼儿智慧体育研究中心在对现有国内外幼儿体育教育研究与实践全面分析的基础上，根据幼儿运动能力发展规律与幼儿身心发展，以及幼儿体育教育的特点，提出了幼儿智慧体育的概念，并紧扣此概念对幼儿体育课程进行设计，旨在推动我国幼儿体育课程尽快落地，使之成为幼儿成长的必修课程。

第一节 什么是幼儿智慧体育

一、幼儿教育及其重要性

（一）幼儿教育的概念

幼儿教育有广义和狭义之分。从广义上说，凡是能够影响幼儿身体成长和认知、情感、性格等方面发展的有目的的活动，如幼儿在成人的指导下看电视、做家务、参加社会活动等，都可说是幼儿教育。而狭义的幼儿教育则特指幼儿园和其他专门开设的幼儿教育机构的教育。幼儿园教育在中国属于学校教育系统，具有计划性和系统性等特点。幼儿教育是学前教育或者早期教育的后半阶段，是一个人教育与发展的重要而特殊的阶段。“重要”是因为它是一个人发展的奠基时期，许多重要能力、个性品质在这个时期形成基本特点；“特殊”指的是这个阶段是儿童身心发展从最初的不定型到基本定型，转而可以开始按社会需求来学习并获得发展的过渡时期。

（二）幼儿教育的重要性

1. 智力开发的最佳期

根据美国心理学家杰明斯的研究：人 50%的智力是 4 岁以前获得的；30%的智力是在 4 岁到 8 岁之间获得的；8 岁前，人的脑重达到了成人的 93%。由此可见，幼儿期是对人进行智力开发的最佳期。若在这个时期内，对孩子用正确的方法施以适当的早期教育，其效果可想而知。

2. 人格健全的关键期

人格也称个性，是一个人区别于他人的、稳定而统一的心理品质。幼儿教育对人的个性品质形成具有重要作用。幼儿时期，孩子的个性品质开始萌芽并逐渐形成。这时孩子的可塑性强，自我评价尚未建立，往往以家长、老师的评价来评价自己。家长、老师说“好”，就是“好”；家长、老师说“坏”，就是“坏”。若在这个时期对孩子施以正确的教育，好好引导，使孩子形成良好的个性品质和行为习惯，对其一生都有重要影响；相反，若在这个时期形成一些不好的个性品质或行为习惯，以后就很难纠正。

3. 习惯形成的重要期

习惯是指积久养成的生活方式。英国有句谚语：行动养成习惯，习惯形成性格，性格决定命运。这句话深刻地揭示了良好行为习惯对于人一生的重大影响。一个人良好的行为习惯，是他独立于社会的基础。幼儿阶段是培养人形成良好习惯的一个极为重要的时期，习惯一旦形成，就会在一定的情景下自然而然地、“自动化”地表现出来。幼儿只有形成良好的行为习惯，才能为其一生的幸福奠定基础。

4. 性别意识的分化期

性别意识是对自我性别的认知，是自我意识的重要内容之一。3 岁左右的孩子，正处于一个特殊的性心理发育阶段，如果男孩把自己看作是女孩，在打扮、举止、表情上模仿女孩，就成为女性化男孩；反之亦然。通过幼儿教育让孩子意识到男女有别，对自己的性别有正确的认识，这对孩子未来能否顺利度过青春期，最终形成健全的人格至关重要。

近年来，“幼儿教育小学化”“兴趣班”“幼升小考试”等现象层出不穷，不让孩子输在起跑线、考上重点小学、让孩子掌握更多的文化知识，成了家长对幼儿教育的期望。但是随之出现的则是幼儿体质下降、运动能力差、幼儿教育小学化等问题。因此，针对我国现有的幼儿教育现状，很多专家都呼吁幼儿园应该更多地引入幼儿体育，而不是加强文化教育。

二、幼儿体育与幼儿体育教育

（一）幼儿体育

幼儿体育大致有四个较为相似的解释：(1) 幼儿体育主要指的是幼儿的“身体运动”，在运动过程中产生的适宜运动负荷，使幼儿机体内部逐渐产生适应性变化，在身体形态、活动能力、协调性等方面得到发展和提高。(2) 幼儿体育是遵循幼儿身体、心理发展规律，对幼儿进行保育与教育的特殊教育活动。(3) 幼儿体育是按照幼儿身心发展的阶段性、顺序性、不平衡性等规律，以提高幼儿身体素质、增进健康，推进幼儿身心全面、健康发展为主要目标的多种教育活动。(4) 幼儿体育是能够改变幼儿身体形态、提高幼儿身体运动能力、塑造幼儿良好性格，对幼儿所进行的一系列的体育活动，包括在幼儿园和家庭所进行的相关体育活动。

由此可见，幼儿体育的本质是幼儿的“身体活动”“体育活动”。幼儿体育是调节幼儿学习与生活的重要形式，是促进幼儿身心发展的重要手段，同时也是促进幼儿全面发展的重要保障。

（二）幼儿体育教育

我国学者对幼儿体育教育基本达成了较为一致的观点，普遍认为，幼儿体育教育是以促进幼儿身心健康、发展幼儿基本动作能力，并且通过体育运动让幼儿习得良好的习惯为目的，针对幼儿进行常规体育活动或通过针对性的游戏等对幼儿实施的身体教育，属于幼儿健康教育的范畴。有些学者认为在幼儿的体育教育过程中，不一定强调教育的完整性和系统性，因此将以幼儿身体运动为主要内容，以增强幼儿身体素质、促进健康为主要目的，同时注重培养幼儿认知、良好习惯、运动兴趣、社会适应能力等方面的一系列的体育教学活动，称为“幼儿体育教学”。由此可见，幼儿体育教育强调的是幼儿体育的目标，而幼儿体育教学则强调的是幼儿体育的实践，是实现目标的途径。

（三）目前我国幼儿体育与幼儿体育教育存在的主要问题

幼儿体育教育是幼儿学前教育的重要组成部分。我国《幼儿园工作规程》明确提出，要把体育放在幼儿教育的首要位置。然而，幼儿体育教育在我国学前教育中发展相对滞后，幼儿体育教育理念、体育活动场地设施、体育教育师资力量及体育活动课程开发均与发达国家存在一定差距。

1. 教学目标不恰当，评价体系不科学

在幼儿体育教育中，教学目标是其出发点和落脚点，有效、准确的幼儿体育教育评价标准对分析和评价幼儿动作发展和身体发育情况起关键作用。2012 年 10 月 9 日教育部颁布的《3—6 岁儿童学习与发展指南》明确指出，应培养幼儿基本动作能力，以为幼儿后续动作学习和终生发展奠定良好的素质基础为目标。当前，幼儿体育教学目标不明确、要求不具体，组织体育活动时忽视幼儿的动作发展目标，缺乏对幼儿身体基本活动能力的培养。而在对幼儿的体育活动进行评价方面，也没有针对幼儿发展的权威的、科学的评价指标体系，导致幼儿体育活动评价不准确、不科学。

2. 幼儿体育教育内容单调，过于游戏化

当前，我国大多数幼儿园的体育活动内容以早操、课间操等集体活动为主，且出于安全考虑，室外自由活动安排较少，活动内容单调，难以激发幼儿参与活动的积极性，活动的效果也难以实现。教育部《幼儿园教育指导纲要》明确指出，“以游戏为基本活动，寓教育于活动之中”为幼儿体育教学的原则，基本要求是发展基本动作要以幼儿感兴趣的方式进行。目前，我国幼儿园体育教学的内容均以体育游戏为主，并且体育教学出现了游戏形式化、自由化、模式化的倾向。幼儿园的体育游戏单一、枯燥，不能激发幼儿

积极地参与到游戏运动当中，导致幼儿不能得到有效的锻炼。

3. 幼儿体育教育师资力量较弱

我国的学前教育专业大多未开设幼儿体育教育课程。非专业的体育幼儿老师了解幼儿身心发育的一般特点，但是对基本体育知识和技能缺乏系统的学习，以致幼儿老师不知道如何有效开展幼儿体育活动，不了解幼儿时期的体育教学应该达到何种目的，使幼儿体育教育缺乏针对性、专业性、科学性和系统性。部分幼儿园虽然聘请了体育老师，但是因其缺乏幼儿教育方面的经验，或者对幼儿的身心发展特点不甚了解，导致幼儿的活动量和活动强度过大，影响幼儿的身心健康。另外，我国的幼儿园老师多为女性，出于女性的心理和生理特点，部分女性老师对于组织幼儿在室外进行各种体育活动并不十分积极，使幼儿体育活动的效果难以达到。

4. 幼儿园缺少必要的体育教学环境

安全是幼儿进行体育活动的基础，是体育活动获得成效的前提，也是开展幼儿体育活动时需要首先考虑的因素。目前，很多幼儿园在安全活动方面的措施不够完善，缺乏明确的规范，部分幼儿园为了保证幼儿的安全，减少意外事件对幼儿造成的伤害，大幅缩减幼儿的室外体育活动时间，降低活动强度，导致幼儿活动量不足，影响幼儿的身体素质发展。另外，幼儿园的体育设施相对简单，不能激发幼儿运动的兴趣也是当前幼儿体育教育的主要困境。

三、幼儿智慧体育

关于幼儿运动及心理发展的研究表明，幼儿期是人类动作发展和基本运动能力发展的敏感期，错过了这个时期将对幼儿后期的运动兴趣培养、体质健康水平产生消极的影响。虽然各类运动游戏能促进幼儿的身体活动，但如果没有运动科学理论的指导及系统设计的幼儿运动游戏，就无法安全、有效、可持续地促进幼儿体格发育、培养幼儿运动兴趣、增强幼儿运动能力、提升幼儿心理品质，从而促进其健康成长。因此，幼儿体育在内容的选择上既要切合幼儿“好玩”的特点，又要符合幼儿动作、身体、心理等的发展规律；在教学方法上需要考虑幼儿的认知能力，又要体现运动动作教学的规律；在场地与器材的应用上既要适合幼儿、有助于培养幼儿的运动兴趣，更要注意安全性；在运动效果的评价上，不仅需要终结的评价，也需要过程性的数据收集和评价。为此，我们将满足上述要求的幼儿体育教育称为“幼儿智慧体育”。概括来说，幼儿智慧体育就是满足智慧选择教学内容、智慧创造教具与环境辅助教学过程、智慧实时采集教学与成长信息并实施智慧评价等特征，以科学理论与方法促进幼儿身心健康和运动能力发展的幼儿体育或幼儿体育教育。

（一）教学内容智慧选择

目前，幼儿体育的实施主要通过游戏活动来完成，在游戏设计的过程中，设计者都会或多或少地将促进幼儿身心成长的运动教学内容纳入其中，通过幼儿参与游戏活动促进幼儿运动能力的发展。而幼儿智慧体育则是通过集聚体育教育、幼儿教育等领域的专家，在对促进幼儿身心健康和运动能力发展的运动要素进行分析的基础上，确定幼儿体育的教学内容。幼儿智慧体育的教学内容主要包括以下几个方面。

1. 幼儿动作发展的运动要素

包括：（1）身体正确姿势及其控制等非位移动作技能；（2）走、跑、跳、攀、钻、爬等位移动作技能；（3）投、接、击打、踢等实物操作动作技能；（4）运动关联的生理学和运动学的基本知识。

2. 幼儿运动技能发展的基本能力

包括：（1）幼儿体操的基本运动技能应用，以及滚翻、柔韧性发展的特定技能，跳马和平衡木等器械技能；（2）幼儿足球的基本运动技能应用，以及用脚操控足球的各种技能；（3）幼儿篮球的基本运动技能应用，以及用手操控篮球的各种技能。

3. 促进幼儿身心发展的运动练习

包括幼儿心理发展的各种游戏、幼儿团队意识培养的各种游戏和幼儿体能增强的各种运动练习游戏。

（二）教学过程智慧实施

幼儿体育教学过程是老师通过实施教学任务和幼儿通过身体运动实践共同完成教学目标的过程。幼儿智慧体育的教学过程要求通过教学内容、教学过程、教学目标、教学建议等展示。这样做的优势是：首先，保证了动作教学、技能教学和其他的运动练习按照动作、技能、运动本身的要领完成，这是避免幼儿错误动作形成和运动伤害事故出现的重要前提。其次，在教学、练习方法中，通过教学建议提出利用研制运动器材和设置智慧化场景，以加快幼儿对于所学动作与技能的认知与理解，辅助幼儿快速掌握运动动作和技能。比如在教授双脚跳跃时，双脚的同时用力是动作要领，可以在地面设置压力感应器，通过显示器显示幼儿双脚的同时用力情况，这样既可增加幼儿的学习兴趣，也能保证其动作规格。最后，教学目标的确定按照过程化教学评价的思路，一方面对幼儿不同生长发育阶段提出了同一动作、技能的不同发展目标，另一方面强调了教学过程中除动作技能外其他方面发展目标和数据的采集考虑。

（三）教学环境智慧创造

在幼儿动作和技能教学过程中合理地应用智慧教具可以促进幼儿认知、理解动作和技能的概念，辅助幼儿按照动作和技能的要领正确地掌握和完成动作与技能。除此之外，应用现代科技手段创设各种教学环境也是激发幼儿学习兴趣，使其掌握动作和技能知识的重要手段，同时还是教学效果智慧评价中信息收集的重要途径。例如，幼儿在应用传感器技术设计的智能化跑道上跑步，通过跑步的时间、地面反作用力等步态信息结合图像呈现技术，一方面可以激发幼儿对跑步动作与技能认知的兴趣，提升跑步动作与技能的教学效率；另一方面也为幼儿跑步动作与技能的评价提供了基本的信息。因此，幼儿智慧体育的教学环境的智慧创造即是依据幼儿的认知、心理等发展水平，应用现代科技手段，创造有助于激发幼儿运动兴趣、促进身心健康发展的运动学习环境。

（四）教学效果智慧评价

幼儿体育教育的最终目标是促进幼儿身心的全面发展，促进幼儿动作与技能的正常发展，并为学龄阶段的运动技能学习奠定运动素养和运动能力的基础。这一目标的实现与否依赖于准确、合理的教学效果评价。目前的幼儿体育教育几乎没有教学效果评价的内容，幼儿智慧体育的教学效果评价，即是以幼儿体育教育的最终目标为目标，建立一套科学、合理的幼儿体育教学评价体系，为促进幼儿体育活动的有效开展提供科学的依据。

与幼儿体育和幼儿体育教育相比，幼儿智慧体育更多意义上是一种幼儿教育的理念，也是顺应社会不断进步、科技成果日新月异的整体发展趋势的幼儿教育的必然选择，是一个不断探索和实践的过程。现阶段幼儿智慧体育主要应把握以下四个方面：(1) 开发符合幼儿自然发展的、丰富的体育活动组织形式，探索趣味性、实践性和情景化的教学方式，提高幼儿参与体育活动的积极性，保证每个幼儿都能积极参与到活动中。(2) 将各种健康知识、科技成果、语言学习、思维启蒙融入体育教育之中，以体育活动为载体，发展幼儿的运动素养、探索兴趣，以及促进幼儿语言、认知的发展。(3) 体育活动组织形式应按照幼儿动作发展规律，以发展走、跑、跳、投等基本动作技能为主线，从平衡能力、协调与灵敏能力、力量和耐力等多个方面锻炼幼儿的基本运动能力，促进其感知觉能力的提高，为其将来的体能和复杂技巧动作的发展奠定基础。(4) 收集各种有关幼儿运动本身的信息和运动效果的信息，为建立各种教学效果的智慧评价体系奠定基础。

第二节　为什么要对幼儿进行智慧体育教育

一、国家对幼儿园体育教育的要求

2016年3月，习近平总书记在中央全面深化改革领导小组第二十二次会议中提出，“儿童健康事关家庭幸福和民族未来”。2016年6月，国家下发《国务院关于印发全民健身计划（2016—2020年）的通知》（国发〔2016〕37号），该计划首次提出开展幼儿体育，将幼儿体育纳入基本公共体育服务的范畴。2016年，中共中央、国务院印发《“健康中国2030”规划纲要》，提出实施“健康儿童计划”，首次提出幼儿体育工程，探索幼儿体育试点推广工作。2017年，国家体育总局第一次提出幼儿体育工程，将实施幼儿体育作为青少年体育的重点工程。为了有效推动全国幼儿体育发展，2018年5月和10月，国家体育总局先后两次赴浙江考察幼儿体育工作，探索幼儿体育试点推广工作。此外，2018年6月由北京体育大学、首都儿科研究所和国家体育总局体育科学研究所三家单位共同研制的《学龄前儿童（3—6岁）运动指南（专家共识版）》正式发布，也为幼儿体育的发展提供了有效的参考。

二、幼儿成长发展的需要

（一）幼儿运动能力发展的需要

运动能力是一种综合性的能力，是由基本的活动能力、个体的身体素质及动作技能相互融合所表现出来的一种能力。幼儿的运动能力是动作发展水平、体质健康、心智发展水平等因素在幼儿身上的体现。

动作是我们认识世界的最初方式，从新生儿反射时期的自发动作和刻板动作到形成基本动作、专项动作，再到后来的动作技能的熟练，我们用动作感知着我们周围的环境，在与环境的不断交互作用中成长和发展。动作的发展和成熟是幼儿成长发育的重要表现形式，是幼儿认识世界的重要途径和幼儿全面发展的基础，也是幼儿进行日常生活和学习的有力保障。各种动作发展水平高的幼儿，通过各种简单动作、复杂动作的组合必然会表现出较高的运动能力，而这种较高的运动能力反过来又会进一步促进幼儿运动能力的发展。

（二）幼儿认知发展的需要

幼儿时期是人的认知能力快速发展的关键时期。随着中枢神经的发展和幼儿生活范围的扩展，一般 3—4 岁的幼儿已经发展了各种基本的感知觉，这些感知觉的发展是幼儿认知能力发展的重要条件。研究证明，参与运动活动是扩大幼儿生活范围、促进幼儿神经系统发育的重要因素。

幼儿记忆的发展也遵循着幼儿心理发展的一般规律，形象鲜明、具体生动、能满足幼儿个体需要的事物，容易被幼儿自然而然地记住。幼儿的思维具有直觉行动性，其思维的进行离不开幼儿自身对物体的感知，也离不开幼儿自身的动作。只要让他们的活动对象和动作一转移，他们的思维也就会随之转移。注意的发展是幼儿心理发展的一个重要方面，注意的发展水平直接影响着幼儿认识活动的效果。幼儿的思维过程需要依靠实物的形象来支撑。进入幼儿期，即 3 岁后，具体形象性成为幼儿思维的主要特点，从幼儿思维的各个具体方面，都可以明显地看到这个特点。到了幼儿的中后期，思维的逻辑性开始出现萌芽，抽象逻辑思维逐步开始形成。

从幼儿的记忆、注意和思维发展的特点看，幼儿时期正是从形象具体到抽象逻辑的发展阶段，但受到幼儿神经系统生长发育的限制，增加幼儿感官系统的活动刺激，便成为这一过程顺利发展的重要手段，运动活动即是最有效的方法。

（三）幼儿社会情感发展的需要

在幼儿的社会情感发展中，积极情绪情感对幼儿良好个性发展和良好行为习惯形成的作用是巨大的。由社会需要产生的情感也开始发展，他们会选择自己喜欢的玩伴，也能与三五个小朋友一起开展合作性游戏。他们逐渐明白公平的原则和需要服从集体约定的意见，也能向其他伙伴介绍、解释游戏规则。大班幼儿的规则意识逐步形成，他们开始学习控制自己的行为，遵守集体的一些共同规则。

幼儿的情感发展需要幼儿大量的社会性实践活动，而符合幼儿身心发展特点的、能引起幼儿持续兴趣的各类体育运动组织形式、运动游戏等恰是实现这一目标的主要途径。

三、国外幼儿体育教育的启示

与我国幼儿体育教学相比，以游戏为中心的体育教育形式是日本幼儿体育教学的显著特点。日本幼儿体育教学非常注重调动幼儿的自主参与性，更加重视促进幼儿身心素质的全面发展，建立了较为完善的体育教育内容体系。

欧洲部分国家对幼儿体育教育的重视程度相对较高，体育教育不仅仅在学校开展，家庭体育教育也是幼儿体育教育的重要组成部分。家庭教育和学校教育相结合，在家庭中为幼儿积极营造体育锻炼的环境，并且辅以专业的体育人员的指导，大大提升了体育教育的效果。德国、美国等国家教育部门还从幼儿基本的发展特点出发，针对性地设计了幼儿体育教学大纲，将教学内容和方法与幼儿实际情况相结合，以此来提升幼儿体育教学的效果。

总的来说，国外幼儿园体育活动的内容较为丰富，并且重视幼儿基本动作的训练；老师会以幼儿为中心，重视幼儿在活动中的表现而不是其动作本身；老师会充分利用自然因素，给予幼儿充分的户外活动时间，让幼儿在自然的环境下，提高机体的适应能力；重视幼儿身心健康发展；对于老师角色的定位，凸显出老师扮演指导者而不是指挥者的特点。

四、智慧教育成果的启发

从技术属性看，智慧教育的基本特征是数字化、网络化、智能化和多媒体化。从教育属性看，智慧教育的基本特征是开放性、共享性、交互性与协作性。随着我国信息化社会的不断推进，目前应用信息技术提升学前教育质量的优势已充分体现出来，它的教育价值体现在各个方面。首先，将现代化、信息化的教育手段应用到幼儿园教育中能够使呈现的信息更加直观，具有形象性、再现性、先进性的特点。其次，将信息技术应用到幼儿园教学活动中可以提高幼儿园教学水平，加强幼儿园和家长之间的联系，提高幼儿园整体信息化水平。

近年来，幼儿园智慧校园、智慧教室的应用，不仅很好地实现了对幼儿在园期间各种行为的监控，而且更好地创造了各种情境教育背景，对激发幼儿探索世界的兴趣具有以往传统教育手段无法比拟的效果。同时，智慧校园、智慧教室的建设也能有效地监测幼儿的生长发育、机能变化情况，为实现对幼儿身心发展全方位的评价奠定了基础，对提升幼儿园与家长之间的沟通效率具有积极意义。

第三节 如何实施幼儿智慧体育教育

一、幼儿智慧体育教学的一般原则

（一）体育教学中应注意身体的全面训练

幼儿进行非对称性运动、长时间固定姿势运动和负重运动，易导致不正确的身体姿势。因此，在幼儿体育教学中要保证运动的多样性，使各种运动交叉进行，全面锻炼，以培养兴趣和打基础为主。在进行力量发展运动时，注意负荷的重量，尽量不要进行静力性负重运动。

（二）发展柔韧性运动应量力而行

幼儿的关节活动范围较大，但这一柔韧性优势也导致了幼儿的关节稳定性和牢固性较差，外力作用下容易脱位。因此，体育教学中发展幼儿的柔韧性应循序渐进、量力而行，尽量不要使用外力帮助，需要外力帮助时也应注意不要过度。

（三）不宜过早进行专项耐力活动

幼儿的心血管、呼吸机能的发育相对较弱，神经调节发育不够完善，心功能和呼吸功能较弱，因此应尽量减少憋气、紧张性运动、专项耐力活动及时间较长的竞赛活动。

（四）以多样化的游戏和竞赛为主

体育游戏和竞赛是幼儿最喜欢的活动，也是体育活动的最好形式，幼儿能在生动活泼的气氛中获得愉悦的情感、高兴的情绪，从而达到锻炼身体、增强体质的目的，因此，我们在开展体育游戏和竞赛时要使用各种手段使其多样化。

（五）遵循幼儿动作发展的规律

幼儿智慧体育教学必须要遵循幼儿动作发展的规律。具体来说，在开展幼儿智慧体育教育时，首先应发展幼儿的非位移动作技能，其次是位移动作技能。在非位移动作技能中，首先发展姿势控制技能，其次发展平衡和姿势变化技能；在位移动作技能中，首先发展爬行、步行、滑行、抛接等动作技能，然后过渡到跑跳动作技能，最后发展投掷、运球、踢球等动作技能。在发展动作技能过程中，适时地应用所发展的动作技能进行组合游戏。

二、幼儿智慧体育动作技能教与学的基本规律

动作学习与动作发展存在许多共同点和相通之处，是既有区别又有联系的两个概念。动作学习注重主体性因素在个体动作变化中的作用，是动作发展的重要途径。动作越高级、越复杂、越具有外源性，其动作学习的成分就越明显。

（一）动作技能学习的阶段性规律

1. 认知阶段（泛化阶段）

在学习一项新动作技能的初期，个体首先必须获得关于该动作技能的某些认知，并在头脑中形成相应的动作技能表现，这就是动作技能学习的认知阶段。在这一阶段，幼儿完成每一个动作，都要受到意识的调节与控制。因此，幼儿的注意和记忆往往很紧张，肌肉僵硬，动作显得迟缓而不稳定、忙乱而不协调，经常发生错误，并伴有较多的多余动作。尽管动作技能学习需要在意识的控制下进行，但幼儿只能对那些很明显的线索做出反应，并不能察觉自己动作的全部情况，难以发现其中的错误和缺点，这些特点在年龄越小的孩子身上越明显。

2. 联结阶段（分化阶段）

动作技能学习的第二阶段，称为联结阶段。一是对简单动作而言，在刺激与反应之间建立较为稳定的联结；二是对复杂动作而言，要将许多简单动作有机地组合起来，以形成比较连贯的复杂动作技能。动作技能学习的联结阶段与认知阶段的最大区别是：在联结阶段，幼儿的注意已从动作认知转向动作操作。随着动作操作的反复进行，相应的各种联结就逐步建立起来了。当然，所有这些联结的全部建立，需要一个相当长的时间，只有通过反复练习才能实现。在这一阶段，幼儿的注意和记忆的紧张程度有所缓和，但没有完全消失，稍有分心，就可能出现错误的动作。此时幼儿能够自己认知动作错误，并能根据自己的动作表象进行矫正。

3. 自动化阶段

自动化阶段是动作技能学习的最后阶段。动作技能学习进入这一阶段时，幼儿学习的各个动作在时间和空间上已联结成一个有机的整体并得到巩固。各个动作相互协调，并且变得越来越自动化，只要刺激出现，幼儿便可自动地、熟练地完成一个接一个的动作。此时，幼儿完成动作时的紧张状态和多余动作已完全消失，可以同时完成多个动作的任务。动作技能学习进入

自动化阶段，标志着动作技能学习的完成。

需要指出的是，在实际中上述动作技能学习的认知、联结和自动化三个阶段之间并非绝对独立，彼此之间有时还互有交叉，各阶段的持续时间也可能不完全相等。

（二）动作技能学习的遗忘与保持规律

动作技能学习与其他知识学习一样，具有遗忘性。但是，相对于其他知识学习而言，动作技能学习具有长期保持性的特点，即在学会某项动作技能之后，该动作的保持较好，不容易被遗忘。例如，学会了游泳和骑自行车的人，即使不再练习，过了许多年以后，其动作技能仍然基本上保持如故。动作技能学习的长期保持性特点要求教育工作者在面临需要改变或消除原有动作模式的任务时，一定要充分估计到改变和遗忘原有动作的难度，在动作训练时间安排等方面予以必要的考虑。

（三）动作技能学习中的示范与练习规律

在动作技能学习的进程中示范和练习是极其重要的两个环节，其中，示范在动作技能学习的认知阶段具有特别重要的作用，而练习主要在动作技能学习的联结和自动化阶段扮演不可或缺的角色。

在动作技能学习中，所谓示范就是由老师完成一系列熟练而合乎要求的动作，供幼儿模仿和学习使用。动作技能学习首先要经历认知阶段，即幼儿在头脑中形成和建立起关于拟学习动作的表象，由于这一动作表象是下一步动作学习的基础，因此这些动作表象的正确与完整程度，直接影响到动作学习的效果。在进行动作示范时，最好能有口头的语言说明。老师在进行动作示范时，一般有三种相对位置：（1）相向示范，即老师面对学生示范。这种示范容易产生左右反向认知混淆的不良影响。（2）围观示范，即老师居中，学生围成圆圈。这种示范因幼儿是从不同的角度去观察而发生混淆。（3）顺向示范，即学生在老师背后与老师同一方向。这种示范可以消除上述两种示范的不良影响，是较好的一种示范，在进行动作示范时最好采用顺向示范这种方式。

在影响动作技能学习的诸多因素中，练习的因素甚为重要。练习就是以掌握一定的动作技能为目标所进行的反复操作的过程。要掌握某种动作技能，必须进行练习，但是并非所有的练习都能达到同样的结果，有些练习收效快，有些练习则收效慢。高效率的练习应具备下列条件：（1）具有明确的练习目标和要求，对练习的结果产生积极的期待。（2）灵活选用整体练习和部分练习。整体练习是将动作技能当作一个完整体来掌握，在一次练习中学完全部内容；部分练习是将动作技能分解成若干局部动作，通过分别练习和掌握这些局部动作，逐步达到学会整个动作技能的目的。(3) 合理安排练习时间。在学习一种动作技能时，如果长时间不间断地进行练习，这种练习称为集中练习；如果在练习期间内插入休息，这种练习称为分散练习。一般来说，分散练习的效果要优于集中练习。在学习的开始阶段进行集中练习，然后改为分散练习，要比单纯进行分散练习的效果更好。(4) 善于利用练习的反馈信息。练习的反馈信息既包括练习过程中关于练习进程的各种认知和评价，也包括练习结束后的练习结果。通过这些反馈信息，练习者可以知道自己和练习目标和要求之间的差距，及时找出存在的问题，并进行有针对性的矫正和练习。

(四) 动作技能学习中的反馈与迁移规律

反馈是动作技能不断形成和发展的重要保证。动作技能学习中的反馈的种类有：(1) 内反馈和外反馈。内反馈主要是通过人体内部感觉实现的反馈，而外反馈则是通过外部媒介实现的反馈。一般来说，在动作技能学习的初期，学习者主要依靠外反馈信息来改造自己的动作技能，这些信息可以来自镜像的、视频的、老师的和其他同学的；而在动作学习的后期，为了提升动作的协调性和连贯性，需要建立内反馈调节机制。(2) 自我反馈和外部反馈。这是根据反馈的主体确定的类型。自我反馈是学习者主观能动性的一种表现，可有效提高动作技能学习的效率；而来自老师的外部反馈主要体现在动作技能学习开始时的言语指导、讲解示范，以及动作学习后的定性评价等，在动作技能的掌握中也起着重要的作用。(3) 即时反馈和延后反馈。这是根据反馈与动作学习的时间关系确定的类型。一般来说，如果是连续的动作任务，获得结果的即时反馈较为重要；如果是不连续的动作任务，则可采用延后反馈。

动作技能学习总是有限的，而在日常生活和工作中运用动作技能的情景却是无限的，因此，将所学的动作技能根据特定情景和任务的要求加以应用，或改变后应用是极为重要的，这便是动作技能学习的迁移。在一定意义上迁移范围、程度与质量高低是评价动作技能学习效应最主要的指标。动作技能的迁移有正迁移（先前的动作技能产生积极影响）和负迁移（先前的动作技能产生消极影响）之分。一般认为，影响动作技能迁移性质的最重要因素是两种动作任务的刺激与反应的相似情况。如果先前掌握的动作的刺激与反应同新动作的刺激与反应都相似，则产生正迁移，且向上的程度越大，迁移的程度也越大；如果两者的刺激相似，而反应不相似，则产生负迁移；如果两者的刺激与反应都不相似，则一般不会产生迁移。动作技能学习的迁移的表现形式有：动作—动作迁移、语言—动作迁移、两侧性迁移、部分—整体迁移。

三、幼儿智慧体育教育的实施

（一）幼儿智慧体育课程目标任务的设置

幼儿智慧体育课程强调“智慧”，目的就是通过适合幼儿特点的智慧化、智能化的教学设计、教学器具与场地的使用，以及教学效果的评价等，较好地实施幼儿体育教育，从而实现以下基本的教学目标任务。

（1）通过动作技能的教学，幼儿在其敏感期得到动作的发展、素质的提升，同时通过体育活动发展幼儿身体的认知水平，提升幼儿的运动素养，增强幼儿对科学的探索兴趣。

（2）让幼儿在体育活动中体验到快乐、激情，让幼儿喜欢运动、热爱体育，培养幼儿参与体育活动的兴趣。培养幼儿参与锻炼的主动性、积极性，使幼儿养成长期坚持运动的好习惯，使运动成为幼儿日常生活的一部分。

（3）通过体育活动有计划地促进幼儿动作发展，提高幼儿走、跑、跳、投等能力，提高幼儿身体平衡能力和协调能力，提高幼儿动作的协调性和灵敏性，使幼儿具有一定的力量和耐力。

（4）通过体育活动有目的地培养幼儿的自信心、团队意识、集体荣誉感等优秀心理素质，培养幼儿的人际交往能力、社会适应能力和欣赏能力，促进幼儿心理素质发展，形成活泼开朗的良好个性。

（5）通过游戏和练习，幼儿能够了解与初步掌握幼儿体操、幼儿篮球、幼儿足球等运动的玩法及其在实际活动中的应用，为运动素养的发展积累基础。

根据幼儿的年龄特点，教学目标可以进一步细化为：

（1）小班强调动作概念的初步建立和适量的身体活动，以及运动的多样性和全面性，在目标上以“玩”为主，培养幼儿的运动兴趣和基本运动素养。

（2）中班强调动作的反复实践和在各种场景中正确应用动作技能，在考虑运动多样性和全面性的基础上，使幼儿动作得到长足发展、身体运动能力得到增强，在目标上以“正确动作与应用”为主。

（3）大班强调动作的规格与动作的应用，以“运动游戏”促进幼儿运动兴趣的培养、运动能力的提升、体质的增强。

上述目标在本课程中的体现主要以幼儿中等能力水平为基准，在教学过程中，要根据幼儿能力水平，做到因材施教。对于教学目标的评价，在评价的内容、评价标准、评价方法，以及家长的反馈等过程中，尽量体现智慧测评的理念。

（二）幼儿智慧体育课程教学内容的设计

1. 幼儿智慧体育课程体系与选择

以动作/运动为基础，以幼儿体育活动和运动游戏为实施载体，包含三大部分内容。第一部分为动作发展，包括：（1）姿势控制、平衡能力等非移动动作技能发展；（2）走、跑、跳、攀、钻、滚、滑步等移动动作技能发展；（3）实物操作动作的发展。通过动作发展类课程的教学促进幼儿粗大动作和精细动作的发展，提升对身体的感知能力和人体的基本运动能力。第二部分为运动技能发展，包括：（1）幼儿体操技能；（2）幼儿足球技能；（3）幼儿篮球技能。通过技能培养类课程的教学培养幼儿对运动实践的兴趣，积累运动技能知识素养，为后续运动技能学习奠定基础。第三部分为团队合作与规则、幼儿心理与社会适应游戏课程，以及幼儿体能发展的游戏课程。通过团队、心理和体能类游戏的教学培养幼儿的团队合作技能，体验竞技成败的情感，提升与人交往与遵守规则的能力，促进心理健康的发展。通过体能增强类游戏的教学促进幼儿体格与身体姿态的正常发展，增强体质健康水平，提高身体免疫力。

上述课程体系构建了整个幼儿智慧体育课程的教学内容。其中，动作发展为幼儿智慧体育课程的主体教学内容；团队、心理和体能类游戏，主要是应用动作发展活动中习得的动作与运动技能予以实施；技能类的教学内容，各个幼儿园可以根据自身的具体情况选择部分教学内容，也可结合本园已经开展的技能类项目适当调整，从而形成具有运动技能特色的幼儿园。

2. 幼儿智慧体育课程教学大纲的编制

根据幼儿智慧体育课程教学内容智慧选的要求确立的课程体系，各个幼儿园需要根据各自的具体情况，制定符合自身特色的、针对幼儿年龄（小班、中班、大班）的智慧体育课程教学大纲，其中针对各个年龄段的动作发展课程为必学内容，技能发展类课程为选学内容，团队、心理和体能类游戏则作为促进幼儿身心发展的练习，贯穿在每一次的体育教学过程中。根据国家对幼儿健康教育的要求，建议教学大纲按照每周5天、每天30~60分钟的课程教学学时，以及小班、中班、大班上下2个学期进行编制。

本教程对幼儿智慧体育的教学内容均提出了相应适合的年龄段的建议，各幼儿园可以根据自己的实际情况、选学教学内容情况，以及能够安排的幼儿体育课程课时、能够承担幼儿体育教学的师资情况等，在教学大纲的编制中参照使用。

考虑到幼儿认知发展的需要，在制定大纲时需要加入运动概念的能力教育，包括：(1) 运动方向，包括向前与向后、向左与向右（从一边至另一边）、向上与向下；(2) 运动路径，包括直线、曲线、其他形状的路径；(3) 高度与远度，包括低中高的相对位置、远近的相对位置；(4) 时间(速度)，包括缓慢与快速、加速与减速；(5) 力量，包括轻轻用力、重重用力；(6) 身体部位与身体形态、机能和素质等相关术语；(7) 动作的名称与基本概念。

3. 幼儿智慧体育课程教案的编制

幼儿智慧体育课程教案是对每一次体育教学过程的设计。本教程对教学过程安排了两部分内容：(1) 动作要领，强调动作规格和要领是确保幼儿动作形成与发展的规范性的关键，从而使幼儿习得正确的动作形式。(2) 练习方法与要求，强调练习的组织形式应符合幼儿的身心特点和幼儿具备的运动基础。

本教程同时考虑了幼儿智慧体育教学的另外三个重要内容：(1) 教学过程——区别幼儿智慧体育不同教学阶段的教学要点及前后阶段的关联性。(2) 教学目标——明确不同的动作技能、游戏活动需要达成的具体目标，这也是教学效果评价的主要内容，老师应根据个体水平差异调整。(3) 教学建议——一方面在一定程度上体现了智慧体育的“智慧教与学”，另一方面考虑了智慧教学场景的设置和运动的安全注意事项等内容。需要强调的是，在练习方法与要求中，尽量体现智慧体育的元素，包括智慧场地和器材设备的规格呈现，教学、练习方法的智慧设计，帮助幼儿建立运动技能的正确认知，促进运动技能的形成，直至熟练掌握。

在教案设计时，需要包含器材使用、组织形式、如何确保运动量、是否需要有相关的运动基础等内容。由于幼儿体育是“玩”的体育，因此在设计幼儿智慧体育课程的教案时应以“情境游戏”为主完成教与学的过程，让幼儿在身心愉悦的情况下，实现动作技能的发展、促进团队合作、提升心理品格、增强体能水平。活动过程可以分为热身准备部分、教学基本部分、结束放松部分。

以在平衡木上走为例，在教案编制时拟定以“小熊过桥”游戏完成教学任务，即引导幼儿扮演“小熊”学习过独木桥的本领。活动过程的教案编制框架如表 1-1 所示。

表1-1 幼儿智慧体育课程活动过程的教案编制框架表

活动进程		时间和次数	场地和器具
准备部分	1. 情境导入（小熊帮妈妈做事情的故事）	3~5分钟（1次）（基本动作技能可多次）	
	2. 配合小熊的儿歌完成走、跑、跳等热身活动（注意动作技能的相应规格，复习移动动作）		
	3. 伸展活动游戏（柔韧性增强游戏）		
基本部分	1. 老师创设情境，演示基本玩法	10~15分钟（1次或多次）	智慧场地 实体平衡木
	2. 幼儿自主学练		
	3. 玩法：分成2组，循环完成过平地长条形“独木桥”、过较矮独木桥和过一定高度的独木桥		
	4. 可通过智慧场景布置（如颜色等）设置标记，完成动作教学目标——双脚前后过桥、双脚交换过桥，同时完成动作认知教学		
	5. 老师通过讨论、提问等形式完成心理教学目标		
	6. 上肢等体能增强游戏，完成增强体质教学目标		
	7. 老师引导，完成左右脚、平衡、重心等概念教学目标		
	8. 熟练后可通过团队游戏完成团队合作教学目标		
	9. 根据幼儿完成情况，老师实现对幼儿平衡能力、心理发展等的有效评价		
放松部分	1. 老师总结、表扬鼓励，对平衡木行走应用场景予以拓展，激发幼儿练习的积极性	3~5分钟（1次）	
	2. 幼儿放松游戏（小熊主题音乐）		
	3. 伸展活动游戏（柔韧性增强游戏）		

第二章

幼儿动作发展

幼儿动作发展是指幼儿生长发育过程中的基本动作和基本运动能力发展的总称。根据参与运动的肌肉和肌肉群的大小，可将幼儿动作分为粗大动作和精细动作。粗大动作为幼儿大肌肉群的动作，主要分为位移动作、非位移动作及实物操作动作。位移动作发展主要是指发展幼儿平衡性和节律性的移动技能，如走、跑、跳等。非位移动作发展主要是指发展幼儿持续控制身体重心并保持平衡的技能，如单脚站、转动、弯腰等。实物操作动作发展主要是指发展幼儿手或脚控制物体的技能，如投、接、踢等。精细动作为幼儿小肌肉群的动作，如手指、眼部运动等。本章主要以幼儿的粗大动作发展描述为主。研究表明，动作发展是幼儿身体活动和运动能力发展的前提，是幼儿今后运动技能学习和提高的基础。动作发展课程采用丰富的教育环境要素来制定专门的动作发展任务，给出目的更明确的教育手段和方法来体现智慧的价值，更好地促进幼儿全面优势成长，包括健康促进、智力提升、心理品质改善等。

第一节　非位移动作发展

一、单脚站

（一）概念与释义

单脚站是指幼儿依靠大脑前庭器官的平衡感受器和全身肌肉的协调运动，通过一只脚支撑站立，保持身体重心平衡。一般以站立时间的长短来反映平衡能力的强弱。

（二）教学内容

1. 扶手单脚站（图 2-1）

（1）动作要领

躯干正直，双眼平视，一脚全脚掌着地，且膝部不弯曲，另一脚离开地面，腿自然弯曲，脚抬起高度至少高于站立脚的脚踝，双手（或单手）扶把杆或扶成人手，保持平衡，可持续数秒，抬起脚不落地。

图 2-1　扶手单脚站

（2）练习方法与要求

在老师的保护和帮助下，幼儿有序完成；根据幼儿的能力先练习优势脚，学会正确姿势，随后练习非优势脚，左右脚轮流练习，逐渐提高每只脚可独立站立的持续时间；每只脚各练习 3～5 次。练习中，要求身体保持直立，可稍有晃动。

2. 独立单脚站（图 2-2）

（1）动作要领

姿势同上，但要求幼儿无支持和帮扶，双手叉腰或平举独立完成，且左右脚均可持续一定时间，身体晃动较小。

图 2-2　独立单脚站

（2）练习方法与要求

在老师的保护下，幼儿无帮扶地有序独立完成；先练习优势脚，随后练习非优势脚，左右脚轮流练习，逐渐提高每只脚可独立站立的持续时间；每只脚各练习 3~5 次。

3. 交换单脚站

（1）动作要领

姿势同上，但要求幼儿在一只脚持续站立一定时间后，可顺利交换至另一只脚，且交换时身体保持平衡，无明显晃动，交换的脚可持续站立一定时间。

（2）练习方法与要求

在老师的保护下，幼儿无帮扶地有序独立完成；一只脚持续站立一定时间后交换至另一只脚，逐渐提高每只脚可独立站立的持续时间，且交换的时候身体保持稳定，基本无晃动；要求每只脚各练习 3~5 次。

（三）教学过程

1. 教学前期

以掌握标准动作为准，老师可辅助。

脚印练习：老师将适宜幼儿脚掌大小的脚印贴相靠或前后放置贴于地面，鼓励幼儿站立在相应的脚印位置上，从双脚站立逐渐过渡到单脚站立，通过脚印贴不同的位置，让幼儿感知不同站立面积下身体重心控制的感受。

扶栏练习：从单手扶栏站立逐渐过渡到脱手独立站立，扶手可根据幼儿的身高进行调节，老师也可进行扶手帮助。

2. 教学中期

独立练习：左右脚各自独立单脚站练习，通过时间的延长来反复练习，练习中主要强调身体晃动幅度变小，逐渐保持稳定。

跨绳练习：在跨绳过程中学会换脚，左右脚轮流练习，主要让幼儿感受身体重心转换的感觉，并学会持续单脚站过程中的换脚，且身体无明显晃动。

3. 教学后期

通过增加上肢的动作和视觉干扰，增加独立单脚站的难度，且强调身体重心转换时的动作要求。

情景练习：通过模仿动物如鹤的动作进行可视化练习。

持物单脚站练习：通过增加上肢的动作，如持物或接球来增加单脚站的难度。

视觉干扰训练练习：闭眼练习单脚站且会换脚。

（四）教学目标

小班：学会扶站到独立单脚站。要求优势脚保持 5 秒左右，非优势脚保持 3 秒左右。

中班：学会独站。要求左右脚均可保持 5~10 秒，且会换脚。

大班：独站自如。要求左右脚均可保持 10 秒以上，且会换脚，身体晃动不明显，且上肢可配合相关动作，也可在闭眼状态下进行。

（五）教学建议

（1）刚开始练习单脚站时有跌倒风险，建议选择安全、平坦、开阔的运动场地进行练习，且注意保护。

（2）持续的单脚站练习，容易让幼儿感到下肢酸胀和劳累，练习后一定要注意下肢放松，尤其是小腿。

（3）练习单脚站，形式单一，较为枯燥，老师一定要善于利用色彩鲜艳的脚印贴、彩绳等教具来帮助幼儿练习。园所生活中，通过鼓励幼儿独立单脚穿裤等来增加幼儿单脚站动作在生活实践中应用的机会，提高幼儿单脚平衡的能力。

（4）智慧教：通过地面脚印影像和身体晃动监测来帮助教学。

（六）重要概念

单脚支撑平衡能力是指在单脚支撑状态下，保持身体平衡，控制重心的能力。单脚支撑平衡能力的练习和提高有利于幼儿后期学习如跳绳、踢等复杂运动动作，同时可提高幼儿的专注力和空间感知等综合能力，降低摔倒风险，提高幼儿的自我保护能力。

二、脚尖站

（一）概念与释义

脚尖站是指幼儿依靠大脑前庭器官的平衡感受器和全身肌肉的协调运动，通过双脚脚尖支撑站立，保持身体重心平衡。一般以站立时间的长短来反映平衡能力的强弱。

（二）教学内容

1. 扶手脚尖站（图 2-3）

（1）动作要领

躯干正直，目光平视，收腹挺胸，双脚脚尖着地支撑站立，脚跟离地，双手扶栏或扶成人双手，保持身体的平衡。

图 2-3　扶手脚尖站

（2）练习方法与要求

在老师的保护下，幼儿扶栏或扶成人双手有序完成；学会双脚同时支撑用力，通过提踵练习逐渐增加双脚脚尖站立的持续时间，并逐渐减少脚尖的触地面积；要求双脚提踵练习 30～50 次，双脚脚尖站立时间可持续 5 秒左右，且身体晃动较小。

2. 独立脚尖站（图 2-4）

（1）动作要领

姿势同上，但要求幼儿不扶栏杆或成人双手，独立完成，双手要求尽量向上举，手臂伸直，膝盖不弯曲，脚尖支撑，双腿绷直。

图 2-4　独立脚尖站

（2）练习方法与要求

在老师的保护下，幼儿独自完成，逐渐增加双脚脚尖站立的持续时间，并逐渐减少脚尖的触地面积。要求双脚站立时，身体晃动不明显。

（三）教学过程

1. 教学前期

够高处玩具：老师可在幼儿头顶上方、高度刚好够不到的地方放置玩具，鼓励幼儿去拿。

踮脚练习：交替进行提踵和放平练习，每次可练习 30～50 次，在练习中，幼儿学会身体重心上下变化的控制，保持练习时身体的平衡。

2. 教学中期

从扶手练习到独立练习，学会持续踮脚站立，随后通过延长时间，逐渐增强幼儿控制身体平衡的能力。

3. 教学后期

当幼儿可较好地完成独立脚尖站后，可通过上肢动作的变化、闭眼等要求，增加练习的难度，进行脚尖站立的游戏，让幼儿感受不同身体姿势下，脚尖支撑时身体重心的控制。

（四）教学目标

小班：学会扶站到独立双脚脚尖站。要求保持 3～5 秒左右。

中班：进一步熟练掌握双脚脚尖站。要求保持 8～10 秒左右，且身体晃动不明显。

大班：独立双脚脚尖站立自如。要求保持 10 秒以上，且身体晃动较小，上肢可配合完成相关动作，并通过下蹲动作组合练习，进行身体重心从低到高的转换，在重心转换中，身体平衡控制良好。

（五）教学建议

（1）刚开始练习时有跌倒风险，建议选择安全、平坦、开阔的运动场地进行练习，且注意保护。

（2）持续的脚尖站练习，容易让幼儿感觉下肢酸胀，尤其是脚部，练习后一定要注意下肢放松，尤其是脚掌。

（3）练习脚尖站，形式单一，较为枯燥，老师可通过增加上肢的动作、变化身体重心高度来增加练习的趣味和游戏性。

（六）重要概念

双脚脚尖支撑平衡能力，是指在双脚脚尖支撑状态下，保持身体平衡，控制重心的能力。双脚脚尖支撑平衡能力的练习和提高有利于幼儿后期学习如双脚跳高、双脚跳远等复杂运动动作，同时可提高幼儿的专注力和空间感知等综合能力，降低摔倒风险，提高幼儿的自我保护能力。

三、转体

（一）概念与释义

转体是指幼儿在站立位时，依靠大脑前庭器官的平衡感受器和全身肌肉的协调运动，身体向左转或向右转，转动时脚步不移动，保持身体重心平衡。一般以身体扭转的幅度和转动时身体的晃动程度来评价转体动作的好坏。

（二）教学内容

1. 左右转体（图 2-5）

（1）动作要领

身体正直，双脚左右开立，稍宽于肩，全脚掌着地，下肢保持不动，上体向左侧或向右侧转动 90°，再回位，手臂可直臂或屈臂。

图 2-5　左右转体

（2）练习方法与要求

练习中身体始终保持正直，晃动小或基本无晃动，上体向左侧或右侧转动均达到 90°及以上，脚步不移动，手臂可屈臂或直臂，可放在胸前、体后等；要求幼儿独自完成。

2. 快速转体

（1）动作要领

姿势同上，但要求快速转体，且左右侧交换进行；交换时，始终保持身体的正直和不晃动，脚步不移动，要求一定的转动幅度和速度。

（2）练习方法与要求

要求幼儿独自完成；练习中身体始终保持正直，晃动小或基本无晃动，上体向左侧或右侧转动均达到 90°及以上，脚步不移动，手臂可屈臂或直臂，可放在胸前、体后等；练习时，强调转体变换的速度和变换时身体重心和平衡的控制。

（三）教学过程

1. 教学前期

转体够物：老师站立在幼儿后方，鼓励幼儿转体后拿身后的玩具，左右转体均要练习。老师可通过改变站位来增加够物的难度，引导幼儿增加转体的幅度。

2. 教学中期

独立练习，随着转体幅度的增加，逐渐增强身体平衡控制能力。左右侧交换速度的练习，时刻保持身体的稳定。

3. 教学后期

当幼儿可较好地完成转体动作后，可通过上肢动作的变化、闭上眼睛等来逐渐增加动作的幅度和速度，让幼儿感受不同身体姿势下，身体重心的转换和控制。

（四）教学目标

小班：学会左侧或右侧转体动作，要求转体时身体无晃动，转体接近 90°。

中班：进一步熟练掌握转体动作，要求转体达到 90°及以上，且身体晃动不明显。

大班：左右侧转体自如，且交换时动作敏捷迅速，身体晃动较小或基本无晃动；脚步不移动，上肢可配合完成各种动作；通过上身的前屈、后仰、侧屈等变化，结合转体动作进行组合练习；不同姿势下身体重心转换，身体平衡控制良好。

（五）教学建议

（1）持续的转体练习，容易让幼儿感到腰背的酸胀，练习后一定要注意腰背的放松。

（2）练习转体，形式单一，较为枯燥，老师可通过增加上肢的动作，以及身体前后屈和侧屈等不同体位的组合来增加练习的趣味性和游戏性。

（六）重要概念

转体平衡能力，是指在下肢保持稳定，尤其是脚步不移动的情况下，通过上体不同方向的转动，保持身体平衡，控制重心的能力。转体动作可提高幼儿的专注力和空间感知等综合能力，降低摔倒风险，提高幼儿的自我保护能力。

四、推撑

（一）概念与释义

推撑是指在幼儿站立位、俯卧位、坐位等姿势下，依靠手部、足部等支撑，通过上肢的屈伸，进行身体上升、下降或持续支撑的运动动作。幼儿以学会该动作标准模式为主要目标。

（二）教学内容

1. 站立位对墙推撑（图 2-6）

（1）动作要领

躯干正直，目视前方，对墙站立，双脚自然开立，两手撑于墙面，通过上肢的屈伸进行身体前后运动，要求两手距离略宽于肩膀，身体前倾至胸部几乎能贴到墙面，然后用力撑直手臂，回到身体直立姿势。

图 2-6　站立位对墙推撑

（2）练习方法与要求

对墙推撑练习主要目的是让幼儿学会在站立位时的手臂推撑动作，以可持续 8~10 个为基本目标。刚开始练习时，速度可慢些，逐渐增加个数，必要情况下老师可辅助，让幼儿体会上肢发力的感觉。

2. 跪地俯卧撑起（图 2-7）

（1）动作要领

幼儿在俯卧位时，手部、膝盖支撑着地，通过上肢的屈伸进行身体上升和下降的练习，要求双脚微微张开，双手放在胸部位置，两手距离略宽于肩膀，身体伏低至胸部几乎能贴到地面，然后用力撑起。

图 2-7　跪地俯卧撑起

（2）练习方法与要求

跪地俯卧撑练习主要目的是让幼儿学会在俯卧位时的手臂推撑动作，以持续 8~10 个为基本目标。刚开始练习时，速度可慢些，逐渐增加个数，必要情况下老师可辅助，让幼儿体会上肢发力的感觉。

3. 独立俯卧撑起（图 2-8）

（1）动作要领

幼儿在俯卧位时，手部、足部支撑着地，膝盖不着地，身体保持从肩到踝成一条直线，通过上肢的屈伸进行身体上升和下降的练习，要求双脚微微张开，双手放在胸部位置，两手距离略宽于肩膀，身体伏低至胸部几乎能贴到地面，然后用力撑起。

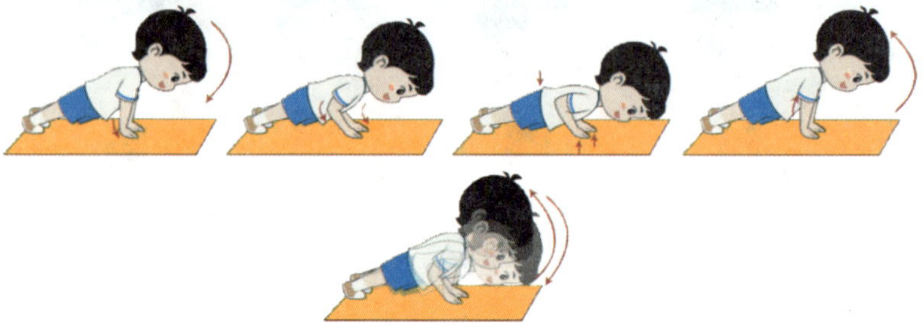

图 2-8　独立俯卧撑起

（2）练习方法与要求

独立俯卧撑练习主要目的是让幼儿学会标准和准确的动作，以持续 8~10 个为基本目标。刚开始练习时，速度可缓慢，逐渐增加个数，必要情况下老师可辅助，让幼儿体会上肢发力的感觉。

（三）教学过程

1. 教学前期

站立位推撑练习：学会手臂的屈伸动作和上肢的发力，可在站立位推墙、推大球、双人互推游戏等。站立位推撑练习熟练后，尝试坐位下的推撑，必要时老师可用弹力带辅助。

2. 教学中期

俯卧位推撑练习：从跪立位开始，再到膝盖离地练习，必要时老师可辅助，关注动作的准确性，熟练后，鼓励独立完成，控制好时间和次数。

3. 教学后期

动作熟练度和准确性提高后，鼓励增加动作的练习速度和个数。老师可根据幼儿动作掌握情况设计组合式动作进行练习，设计的原则是以推撑动作发展规律为依据，要求在不同身体位置下，以足部或手部为支撑，通过克服自身体重进行上肢推撑动作，重点考查幼儿重心转移下，持续保持平衡的能力。

（四）教学目标

小班：以学会标准的推撑动作为目标，练习站立位对墙推撑，可完成3~6个。

中班：以学会标准的独立俯卧撑起动作为目标，要求一定的速度和持续个数，要求动作连贯，完成5~8个。

大班：要求动作熟练和准确，20秒8~10个。

（五）教学建议

（1）刚开始练习，要求动作的准确性，等动作熟练后，可通过提高动作的速度和增加个数来增加练习的趣味性和游戏性，大班的幼儿可要求独立完成，小班和中班的幼儿可根据实际能力在辅助下完成。

（2）幼儿的俯卧撑以学习该动作的正确性为主，以保持一定的姿势和控制该姿势下的重心为主要目标，不强求上肢肌肉力量的训练，防止练习成人化。

（六）重要概念

推撑平衡能力，是指当身体在不同的位置下，如站立位、俯卧位、坐位等，手部、足部等保持支撑静止时，上肢进行推撑运动，保持身体平衡，控制重心的能力。推撑动作可提高幼儿的专注力和空间感知等综合能力，对突发的主动和被动受力可灵敏判断和回应，降低摔倒风险，提高幼儿的自我保护能力。

五、组合动作模仿

（一）概念与释义

组合动作模仿是指幼儿通过模仿非移动的组合动作，如对称性和非对称性的上下肢动作，在保持下肢，尤其是脚步不移动的情况下，可快速完成模仿动作的切换。在组合动作切换时，可持续保持身体的平衡，反映了幼儿的动作空间感知能力和动作的敏捷性。

（二）教学内容

1. 对称性动作模仿（图2-9）

（1）动作要领

老师与幼儿面对面站立，老师进行上下肢对称性动作的演示，幼儿进行跟随模仿练习，从上肢对称到下肢对称，再到上下肢对称，老师可逐渐增加动作的难度。在模仿动作过程中，主要考查幼儿动作变化时，身体重心的转换及持续保持身体平衡的能力。

图 2-9　对称性动作模仿

（2）练习方法与要求

幼儿面对老师进行模仿，模仿上下肢不断变化的对称性动作，如上肢的侧平举、前平举、上平举等，下肢的双脚开合站、双膝弯曲等动作。要求动作对称和统一，且上下肢协调，身体可保持持续平衡。

2. 非对称性动作模仿（图 2-10）

（1）动作要领

老师与幼儿面对面站立，老师进行上下肢非对称性动作的演示，幼儿进行跟随模仿练习，从上肢非对称到下肢非对称，再到上下肢非对称，老师可逐渐增加动作的难度。在模仿动作过程中，主要考查幼儿动作变化时，身体重心的转换及持续保持身体平衡的能力。

图 2-10　非对称性动作模仿

（2）练习方法与要求

幼儿面对老师进行模仿，模仿上下肢不断变化的非对称性动作，如上肢的一侧肢体平举，另一侧肢体上举等，下肢的前后开立等动作。要求动作协调，上下肢配合，且身体可保持持续平衡。

3. 组合动作模仿速度

（1）动作要领

老师与幼儿面对面站立，老师进行上下肢对称性和非对称性动作组合的演示，幼儿进行跟随模仿练习，上下肢的对称和非对称动作进行组合，老师逐渐增加动作的难度和速度，要求1秒一个动作的变换。要求幼儿可快速模仿，并在模仿的过程中，保持身体持续平衡。

（2）练习方法与要求

幼儿面对老师进行模仿，模仿上下肢不断变化的对称性和非对称性动作。要求幼儿可快速模仿和跟随，反应灵敏，且身体持续保持平衡。

（三）教学过程

1. 教学前期

简单模仿：学会身体主要部位名称，再进行身体部位练习，如挥手、拍手、摇头等。下肢动作简单，要求支撑不移动。

2. 教学中期

身体部位动作模仿：通过模仿，各部位做出对应动作，认识方向和空间。增加下肢支撑动作的复杂性，要求幼儿保持身体的平稳。

3. 教学后期

动作快速模仿：对称性和非对称性动作组合，可快速切换动作。

动物动作模仿：模仿鹤立、兔跳、鸟飞等动作。

（四）教学目标

小班：学会4种左右简单动作模仿。

中班：学会10种左右复杂动作模仿，且变换速度为1秒1个。

大班：学会复杂组合式动作，且会快速切换。

（五）教学建议

（1）刚开始练习，动作较为单一，等上下肢协调能力提高后，老师可通过提高动作变换的速度和增加难度来增加练习的趣味性和游戏性，可配合适应动作变换的音乐和节奏来帮助练习，重点强调幼儿动作变换时重心的控制和身体持续平衡能力的提高。

（2）智慧教：通过可视化动作模拟影像来辅助教学。

（六）重要概念

非位移动作快速模仿能力，是指通过老师的动作演示，幼儿进行上肢、下肢及上下肢配合的动作模仿能力。非位移动作模仿能力可帮助幼儿后期学习韵律操、体操等复杂支撑下的运动动作，能够提高幼儿的专注力和运动空间感知等综合能力，同时通过快速模仿，提高幼儿的反应灵敏性，以及帮助幼儿提高非位移动作切换时身体的稳定性。

第二节　位移动作发展

一、走

（一）概念与释义

走是人大肌肉群的基本动作之一，主要表现为上下肢协调配合的位移运动。行走可有效锻炼幼儿下肢的肌肉力量，提高幼儿身体的平衡能力和协调能力。

（二）教学内容

1. 自然走

（1）动作要领

躯干正直，目视前方，抬头挺胸，肩膀放松，两臂以肩为轴前后自然摆动，步幅均匀，两脚跟内侧在一直线上，脚尖稍向外，上下肢协调配合，落地要轻，脚跟着地后，自然过渡到前脚掌。

（2）练习方法与要求

自然行走是幼儿在视觉模仿中自然而然习得的，但在行走的姿势上，不同方向和速度的身体控制上，还需加以练习，尤其要强调躯干的直立，上肢的摆动和协调性。变换方向行走，主要练习身体重心的保持和转移，增强行走中的方向感；变换队列队形时，主要练习行走中的节奏感和身体的协调性；变换速度行走时，主要练习身体行走速度的控制。

2. 花样走

（1）动作要领

花样走是在自然走熟练的基础上，为了进一步提高行走的能力而进行的变式行走，主要包括曲线走、跨步走、侧身走、蹲走、跨越障碍走。曲线走主要是根据地面的弧形路线进行的行走；跨步走是增大步幅的行走；侧身走是上身侧身，以一侧下肢进行引导的横向行走；全蹲走和半蹲走是降低身体的重心进行的行走；跨越障碍走是行走中跨越各种地面障碍物。

（2）练习方法与要求

在练习时，可利用地面上一些颜色鲜艳的路标进行引导，以增加趣味。曲线行走，是通过走弧度较大的曲线，练习幼儿走的姿势；侧身走，主要练习一侧身体的引导，加强幼儿行走中对身体重心的控制，增强行走中的方向感；变换身体重心走时，如全蹲走和半蹲走，主要练习身体重心的保持和转移；变换步幅和速度行走时，如大跨步走，主要练习改变步幅和步频来调整行走的速度，增强对身体重心的控制；变换队列队形时，主要练习行走中的口令听从、节奏感和身体的协调性，可进行不同方式的行走练习，以提高幼儿在不同要求下的行走能力。

3. 直线走（图 2-11）

（1）动作要领

直线走是幼儿在自然行走的基础上，要求改变行走的步幅和步频，要求脚尖对着脚跟走，分为向前走直线和倒退走直线等。行走时，要求幼儿上身正直，目视前方，肩部放松，自然摆臂，后脚脚尖要顶住前脚脚跟，按照地面的直线标记进行正走和倒走，可在地面行走，也可在平衡木上行走。

图 2-11　直线走

（2）练习方法与要求

在练习时，鼓励幼儿目视前方，不要低头行走，可有效利用地面上一些颜色鲜艳的路标进行引导，以增加趣味。走直线，因下肢肌肉长时间处在紧张状态，练习后，应注意小腿放松。在正走和倒走都较为熟练的情况下，要求幼儿在平衡木上行走，以增加幼儿对高度的认知，刚开始可进行扶手辅助，慢慢鼓励幼儿独立行走。

4. 上下台阶走（图 2-12-1、图 2-12-2）

（1）动作要领

上身正直，肩膀放松，手臂自然前后摆动。刚开始练习时，可扶楼梯扶杆，一脚跨上一个台阶，另一脚跟随放在同一阶台阶上。熟练以后，手脱离扶杆，一脚跨上一个台阶，另一脚跨入上一个台阶，交替行走。

图 2-12-1　扶手上下台阶走

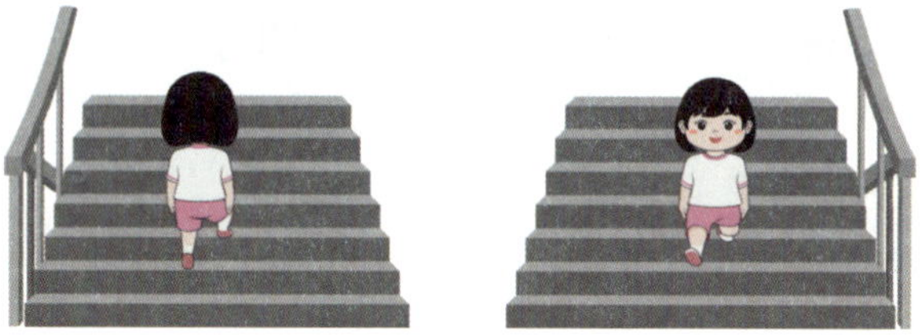

图 2-12-2　独立上下台阶走

（2）练习方法与要求

在练习时，鼓励幼儿目视前方，不要低头看脚，可有效利用地面上的一些颜色脚印贴进行引导，以增加趣味。刚开始练习时，幼儿由一脚引导上台阶，另一脚踏于同一阶台阶上，两步一个台阶行走。熟练后，幼儿由一脚引导上台阶，另一脚踏于上一阶台阶上，一步一个台阶交替行走。同样的方法进行下台阶练习，熟练后，鼓励幼儿上下台阶交替进行，并要求一定的速度。

（三）教学过程

1. 教学前期

从正确的自然走姿势引导开始，再通过步频、步幅、行走速度、重心变换等来增加走的难度和要求，提高行走能力，也可引入队列队形行走，增强口令应对和反应能力，逐步提高行走的能力。

直线走：通过不同宽度的步行道进行练习，从宽到窄，可划线，可用纸板，身体始终保持直立。

上下台阶走：单个台阶或矮凳，进行左右脚的迈上和迈下练习，刚开始可扶手。

2. 教学中期

熟练练习花样走，进一步增加行走的要求和变化。

直线走：从脚跟不碰脚尖到慢慢触碰，从慢速到逐渐增加速度，正走和倒走结合，并学会在线上转身。

上下台阶走：多个台阶，从两步一阶到一步一阶。

3. 教学后期

通过各种行走方式的组合练习，进一步提高行走的能力和身体的稳定性控制能力。

直线走：从增加高度逐渐演变到走独木桥，并会转身，身体保持一定的平衡和稳定。

上下台阶走：组合式台阶，有上行和下行通道，听指令灵活行走，上肢摆动与下肢的交替行走协调配合。当行走能力达到一定熟练度后，可增加一些障碍物，进行跨越障碍走，以增加行走的乐趣，老师可根据幼儿行走能力的不同水平来设计障碍物的大小和高低。

（四）教学目标

小班：听信号指定方向走，主要要求行走姿势的准确性，行走中身体各部位姿势的保持，尤其是上下肢的协调配合。通过行走的速度、步幅等要求的不同会一些简单的花样行走，会在行走中跨越简单的障碍物，可模仿一些动物走路姿势等，尝试直线走和上下台阶走，有一定的身体重心控制和平衡能力。

中班：听信号有节奏走，可进行快速的直线正走和倒走、上下台阶走，可熟练交替进行。尝试一些有难度要求的花样行走。

大班：进一步变速和变换方向走，根据要求会变换队形队列。进一步丰富花样行走，包括：前脚掌走、交叉走、高抬腿走、后踢步走、弹簧步走、跨步走、半蹲走、全蹲走、侧身并步走、多人协同走、闭目行走等。根据幼儿的行走能力选择适宜的行走游戏，可在平衡木上直线行走和转身，熟练进行快速上下台阶走等。

（五）教学建议

（1）注意幼儿行走姿势的准确，自然走中容易出现内外八字步、抬腿过高、落地过重、摆臂紧张、上下肢配合不协调、低头含胸、步幅过小等问题，需要及时纠正。

（2）提高幼儿对走的认知，步幅过小，步频过快或忽快忽慢的走路方式都容易让身体疲劳，走路时尽量减少身体重心的起伏和摇摆，在不同的行走姿势下，学会控制身体的重心和平衡。

（3）智慧教：通过地面可视影像的行走线路辅助教学，也可利用智能化跑道等辅助教学。

二、跑

（一）概念与释义

跑是人体移动最快的一种运动方式，也是幼儿日常生活中最基本的动作技能之一，跑步可有效发展幼儿的下肢力量，提高幼儿身体的速度和灵敏性，也可提高幼儿对空间和时间的认知。

（二）教学内容

1. 自然跑

（1）动作要领

上体自然放松，保持正直，双臂前屈，双手握空心拳，两臂有力前后摆动，腿部前摆有一定幅度，后蹬有力，脚尖方向向前，落地较轻。

（2）练习方法与要求

让幼儿学会听各种跑步的口令，在各种口令的指引下进行跑步练习。先进行慢速跑步，主要注意跑步姿势的准确，尤其是双臂的前后摆动和身体重心的控制；在跑步姿势准确的基础上，跑步速度从慢逐渐增快，快速跑中注意步幅的大小，同时注意身体节奏和重心的控制，引导幼儿从不同方向和空间进行变化方向跑和四面散开跑；可进行跑停的游戏，停止时注意身体重心的控制。自然跑主要是正确姿势的掌握，不过分强求跑步的速度，若有一定速度要求时，要注意防止过度疲劳。

2. 往返跑（图 2-13）

（1）动作要领

在自然直线跑的基础上，在规定的距离内设置起点和折返点，要求幼儿在折返点迅速蹲下触地或拾物，然后按原线路迅速返回。可进行单人往返跑和集体接力往返跑。

图 2-13 往返跑

（2）练习方法与要求

先进行慢速往返跑练习，再进行快速往返跑练习。慢速往返跑练习，主要注意跑步姿势的准确，学会起跑姿势，在到达折返点的时候，注意重心起伏的控制。快速往返跑练习，强调起跑的速度，到达终点时，学会冲刺。可进行团体往返跑比赛，要求同伴相互配合；当要求拾物往返的时候，注意防止物品的掉落；在进行团体竞赛游戏时，注意分组和间歇的控制，防止过度疲劳。

3. 小步跑（图 2-14）

（1）动作要领

上身放松，两臂位于腰间，小幅度摆动，两脚左右开立与肩同宽，前脚掌着地，两膝稍稍弯曲，进行快速的原地小步跑。

图 2-14　小步跑

（2）练习方法与要求

小步跑动作有一定的难度，可放慢速度练习，等动作熟练后，再加快速度。先进行原地练习，再进行行进间练习。注意姿势的准确，手臂与腿反向摆动，肘关节弯曲，上下肢协调配合，手臂的摆动和腿的步频要根据身体节奏逐渐提高，注意距离的控制。

4. 高抬腿跑（图 2-15）

（1）动作要领

上身正直，手掌心向下平放于腰间，膝关节尽可能抬高，使大腿部触及手掌，可原地进行，也可行进间进行。

图 2-15　高抬腿跑

（2）练习方法与要求

高抬腿跑动作要求大腿抬高一定的高度，刚开始练习时，可放慢速度，原地练习，大腿要抬高到位，大腿与小腿尽量成 90°角，等动作熟练后，再加快速度；行进间练习时，注意距离的控制。

5. 后踢腿跑（图 2-16）

（1）动作要领

上身正直，用力后踢腿，使小腿与大腿充分折叠，向前摆动幅度小，步频高，前脚掌着地。

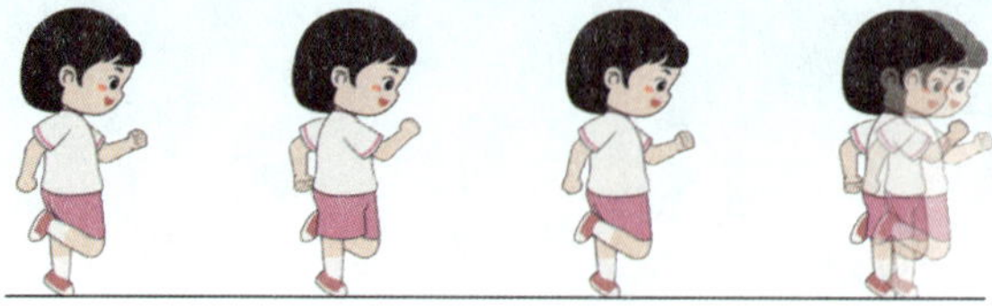

图 2-16　后踢腿跑

（2）练习方法与要求

后踢腿跑要求体现小腿后踢的动作，脚后跟向臀部贴近，前脚掌落地。刚开始练习时，可放慢速度，原地练习，小腿后踢到位，等动作熟练后，再加快速度。

6. 侧身交叉步跑（图 2-17）

（1）动作要领

两臂侧平举，右腿向左侧做交叉步，右脚落点在左脚的左前方，此时髋关节随右腿运行轨迹转动，然后左脚向左侧平移，成开立状，两脚尽量在一条水平线上，紧接着右腿向左腿的左后方做交叉步，右脚落点在左腿的左后方，髋关节同样随右腿轨迹转动，然后左脚向左侧平移，成开立状。以上动作重复进行。左右侧轮流练习。

图 2-17　侧身交叉步跑

（2）练习方法与要求

侧身交叉跑主要练习幼儿的上下肢协调能力和提高幼儿踝关节的力量，交叉跑时需要带动上身扭转，上肢在运动中要保持身体的平衡。刚开始练习时，可放慢速度，等动作熟练后，再加快速度，两侧均应练习。

7. 花样跑

（1）动作要领

花样跑是在自然跑的基础上，为了进一步提高跑步的能力而进行的变式跑步。花样跑根据跑步时方向的不同、速度的不同、步幅的不同、身体重心位置的不同等，可包括曲线跑、跨步跑、跨越障碍跑等。曲线跑是身体重心向内倾斜，跑动的弧度由大变小，可进行圆圈跑和 S 形跑；跨步跑是增大步幅的跑步；侧身跑是身体侧向前进，膝盖稍屈，一脚快速侧出，另一脚快速并拢，反复移动的跑；跨越障碍跑是跑动中跨越各种地面障碍物。

（2）练习方法与要求

进行曲线跑时，主要练习幼儿跑步的姿势，通过弧度较大的曲线，加强幼儿跑动中对身体重心的控制及通过手臂的摆动保持身体的平衡；进行跨步跑时，主要练习步频的加大，增强跑步中的节奏感和身体的协调性；进行跨越障碍跑时，主要练习躲避和跨越跑动中设置的各种形状和不同高度的障碍物，增强跑步中的应变能力。老师可根据幼儿的实际跑步能力和兴趣爱好，丰富花样跑方式来增加幼儿的跑步乐趣。

（三）教学过程

1. 教学前期

开始跑步动作教学时，重点关注幼儿跑步动作的准确性和熟练程度，如小班的幼儿手臂习惯性高位保护，手臂只是为了保持平衡，还未真正学会通过摆臂来增加跑步速度，脚也容易扁平着地，慢慢才学会前脚掌到脚跟的着地，身体容易直立、前倾不够等。因此，教学前期应该鼓励幼儿在开阔的地方追逐跑、四散跑、绕圈跑等，丰富各种跑的环境，增加幼儿跑动的机会，引导幼儿形成正确的跑步姿势，让幼儿逐渐熟悉并掌握跑步动作。

2. 教学中期

通过前期的练习，幼儿逐渐掌握正确的跑步姿势，并且学会手臂低位保护，手臂会屈臂，会更有力地摆动，手臂和腿的反向动作更加协调。教学中期可鼓励幼儿进行往返跑、跑停等练习，进一步学会跑步时重心的控制，每次给予不同的信号和时间要求。

3. 教学后期

幼儿进入跑步熟练阶段，教学时更多关注幼儿跑步时身体的前倾，在蹬离地面时，腿可伸展成 180°，摆动腿屈膝前摆，屈臂且与同侧腿反向用力。在教学后期，为了进一步提高跑步的能力，尝试各种花样跑，强调身体的平衡，再次调整跑步姿势，脚落地时先脚趾后脚跟。

（四）教学目标

小班：掌握正确的跑步姿势，在指定安全区域四散跑、走跑交替等。

中班：熟练掌握正确的跑步姿势，提高跑步速度和能力，尝试跨越障碍跑、快跑 20 米、接力跑等。

大班：完全掌握跑步动作，跑步综合能力提升，听从口令和信号，变速跑和指定方向跑，快跑 25 米等。尝试各种花样跑，如直线跑、变向跑、往返跑、跨越障碍跑、侧身交叉跑、小步跑、高抬腿跑、后踢腿跑、变速跑等。

（五）教学建议

（1）练习时，建议选择安全、平坦、开阔的运动场地和标准环形跑道，穿着适宜跑动的运动鞋，有条件可在智能化跑道上进行各种教学。

（2）幼儿在跑步中容易出现手臂横摆、外八字跑、重心过低、全脚掌落地，落地过重、上下肢不协调、步幅过小等问题，应及时纠正。注意控制运动强度，注意间歇时间，运动后进行放松和拉伸。

（3）强调跑步的认知学习，让幼儿在跑步中感受方向、空间和时间，在跑步的实践中逐渐意识到步幅越大，步频越快，上臂摆动越快，腿的后蹬力量越大，速度越快等跑步经验，综合提升幼儿的跑步能力。

（4）引导幼儿在跑步中学会正确的呼吸方法，尤其是在长距离跑时，应用鼻子呼吸，或用鼻子吸气、嘴巴呼气等经验。

三、跳

（一）概念和释义

跳是幼儿粗大肌肉动作中形式最为丰富，具有较强实用价值，幼儿较为喜欢的动作之一。跳跃是一种身体弹射技能，包括脚的腾空和落地，属于爆发性的位移动作。跳能很好地发展幼儿的腿部力量，促进幼儿手臂与腿之间的协调，提高幼儿单脚或双脚落地的平衡能力。跳跃以走、跑为基础，跳跃动作通过路线和方位的不同，跳跃次数的不同，跳跃身体支撑部位的不同，有无器械的不同可演变出多种多样的跳跃练习。

（二）教学内容

1. 双脚向前跳

（1）动作要领

双脚左右开立，与肩同宽，身体稍向前倾，双膝弯曲，手臂前后摆动，双脚向前跳起。膝关节要积极快速向前伸展，腿部蹬直，同时手臂配合腿部的跳跃由身后向前上方摆动。腾空中，腿向前上方快速移动，并保持膝关节弯曲；落地时，双脚前脚掌一起落地，落地要轻。

（2）练习方法与要求

刚开始练习时只要求动作准确，不对距离过多要求，注意双脚起落的一致性，缓冲时的轻重。练习熟练后，注意跳跃技术的细节，要求身体前倾45°，屈膝90°，加强手臂和腿的协调性，可增加距离要求，腾空的过程要求双腿积极向身体靠拢后伸展。单次双脚向前跳，要求的是距离。连续双脚向前跳，要求的是身体的协调和控制，身体的节奏感，要求的是动作的连续和速度。

2. 纵跳（图2-18）

（1）动作要领

躯干正直，双膝弯曲至60°～90°之间，身体向上跳起，起跳时，整个身体完全伸展，腿部蹬直，同时手臂配合腿部的跳跃由身后向上摆动，前脚掌落地，落地要轻。

图2-18　纵跳

（2）练习方法与要求

纵跳时，要求脚踝和膝关节快速伸展，学会把握起跳时机，跳跃时身体一定要竖直向上，不需要向前倾斜。刚开始练习时，可在练习者头顶上方放置标记物，进行摸高跳，随着动作的熟练，逐渐调整标记物的高度。单个动作熟练后，可进行连续纵跳，鼓励幼儿保持动作的连贯性，尤其是脚步的弹动，学会踝关节和脚掌的发力，当进行有一定高度纵跳时，学会落地缓冲，注意脚踝的保护。

3. 单脚跳（图2-19）

（1）动作要领

身体前倾，单脚支撑保持平衡，支撑腿通过髋、膝、踝关节的屈伸，完成向前起跳、腾空和落地的动作，屈起的腿跟随身体向前移动，配合手臂保持身体平衡。支撑腿在起跳时完全伸展，落地时弯曲，非支撑腿在跳的过程中前后摆动，手臂与摆动腿方向相反。

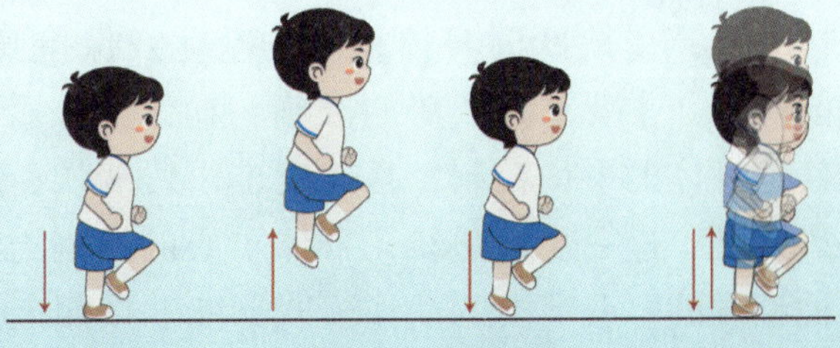

图2-19　单脚跳

（2）练习方法与要求

刚开始练习时，为了保持平衡，幼儿一般会将非支撑腿的大腿置于身体前面，老师可针对性指导，让幼儿慢慢学会将非支撑腿大腿移至与地面成斜线的位置，要求脚落在身体下方，跳跃时身体从正直慢慢学会前倾。单脚跳练习可先从单脚站开始，学会身体的控制和平衡，再从单个单脚跳过渡到多个单脚跳，然后从不同的方向和以不同的速度进行练习，左右脚交换单脚跳的时候，注意重心的切换，非优势脚的单脚跳练习对幼儿平衡左右下肢的力量有重要意义。

4. 滑步跳（图 2-20、图 2-21）

（1）动作要领

滑步跳是一种跳跃移动身体的动作，包括侧滑步跳和前滑步跳。动作要求一脚用力向侧面或前面跳起，同时另一只脚向侧面或前面跨出先落地，待落地后起跳的脚迅速滑步到落地脚的侧方，并尽量维持身体平衡。

图 2-20　侧滑步跳

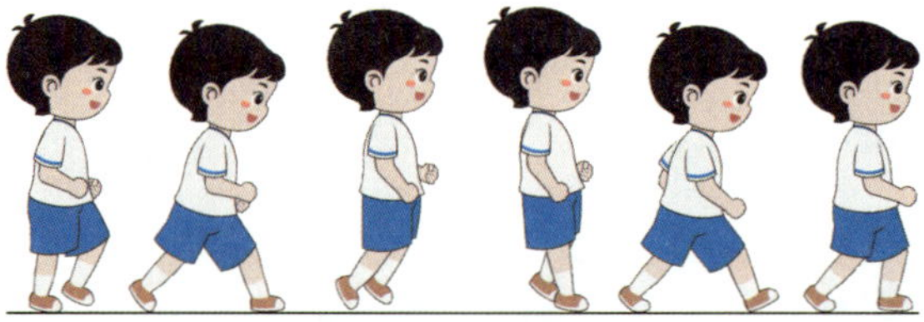

图 2-21　前滑步跳

（2）练习方法与要求

刚开始练习时，首先学会分清跳跃的腿和落地的腿，知道跳跃的腿就是滑步的腿；其次落地腿落地后，起跳腿要及时跟上，否则容易失去平衡。老师可及时指导，让幼儿感受跳跃时身体重心的变化及保持身体平衡的能力。先复习侧滑步和前滑步，主要注意姿势的准确，动作熟练后，开始注意跳跃技术的细节，尤其是身体的平衡控制，且速度也由慢变快，可做连续滑步跳或改变起跳脚的滑步跳，进一步增强幼儿身体重心的控制力。要求幼儿在跳跃时时刻保持一种流畅的、有节奏的动作模式，能够按照老师要求的节奏或拍子进行跳跃移动。滑步跳有一定的难度，老师可通过增加练习机会、丰富教学环境来促进幼儿练习，等动作熟练后，配合一些上肢的动作，应用到幼儿舞蹈、韵律操等活动和练习中，帮助幼儿巩固动作，进一步增强其身体的弹动和节奏。

5. 踮脚跳（图 2-22）

（1）动作要领

身体稍前倾，目视前方，前脚掌支撑踮起脚进行跳跃，手脚反向协调运动，每换一步保持身体流畅的节律性。要求先用一只脚进行一次单脚跳步，再用另一只脚进行一次单脚跳步，要求重心转移到另一条腿前，用同一条腿进行跳跃。

图 2-22　踮脚跳

（2）练习方法与要求

练习踮脚跳之前可先练习单脚跳，幼儿有了一定的动态平衡能力和腿部力量后，再尝试踮脚跳。刚开始练习时幼儿的动作看上去可能不够连贯，且身体两边动作不够协调，有些幼儿只擅长优势肢的动作，非优势肢动作较为笨拙，且容易用力过大，容易出现疲劳，此时老师应该多鼓励，两侧均要练习。踮脚跳是位移动作中最为复杂的动作之一，需要耐心教学，一般幼儿在 6 岁前均可学会。注意动作的细节，要求交替进行踏步—单脚跳练习，学会用前脚掌着地。手臂做相反于非支撑脚的运动。

6. 花样跳

（1）动作要领

花样跳是在幼儿掌握基本跳跃动作的基础上，为了进一步提高幼儿的跳跃能力而进行的变式跳跃。通过方向不同、速度不同、重心不同等进行跳跃形式的转变，一般可包括转身跳、侧向跳、跨越障碍跳等。转身跳要求幼儿双手放在髋上，在跳跃腾空中转体 90°～180°；侧向跳要求幼儿双手放在髋上，向前向后来回越过线跳，不碰到线，中间无停顿；跨越障碍跳是跳跃着跨越各种地面障碍物。

（2）练习方法与要求

进行转身跳时，要求转体至少超过 90°，主要练习身体的转动的节奏感和身体协调性；进行侧向跳时，学会侧向跳跃时身体重心的转移，增强跳跃中的方向感；进行跨越障碍跳时，注意躲避和跨越跳动中设置的各种形状和高度不同的障碍物，增强跳跃的应变能力。老师可根据幼儿的跳跃能力和兴趣点设计各种跳跃的花样方式，丰富幼儿跳跃的练习机会，提高幼儿对跳跃的兴趣。

7. 器械跳

（1）动作要领

器械跳是利用软器械、玩教具、运动器械等进行的综合跳跃练习，主要培养幼儿利用器械跳跃的实践能力，如跳绳、跳马、跳蹦床等。

（2）练习方法与要求

跳绳是幼儿需要学会的跳跃任务之一，主要要学会前脚掌的起跳和落地，避免脚后跟着地，防止出现脚踝和脊柱损伤。跳绳中，膝盖应微微弯曲，缓和膝盖、脚踝与地面接触时的冲撞，两臂配合屈肘摇绳，保持身体的平衡和节律性。跳马有一定的难度，较适合年龄大一些的儿童，可根据实际情况选择简易动作，空间滚翻跳跃等较难的动作建议在专业的指导下进行，注意颈部、脊柱和踝关节的保护。

（三）教学过程

1. 教学前期

老师帮助幼儿提高对跳动作的认知，跳是一种身体弹射技能，各种跳跃都会包括脚的腾空和落地，都要求幼儿具有一定的下肢爆发力，且能保持身体的动态平衡。刚开始练习时，可进行较为简单的双脚向前跳练习，让幼儿感受手臂、腿、躯干的协调一致，并学会双脚同时落地和缓冲。较为复杂一点的跳跃动作都是以单脚跳作为基础的，老师帮助幼儿打好单脚跳的基础，为了吸引幼儿的注意力，可在地面上放置各种图形，鼓励幼儿单脚跳入。等幼儿可以进行双脚向前跳和单脚跳后，开始引导幼儿进行纵跳，可在幼儿头部上方稍高处放置玩具，吸引其摸高跳够。刚开始教学时，主要关注幼儿双脚跳和纵跳等跳跃姿势的准确性，尤其是落地和缓冲的动作，然后引导幼儿向前、向后、向左、向右各方位跳跃，可在地上画出各种方向指引标记，帮助幼儿更好地建立方向感和空间感。

2. 教学中期

当幼儿可以很好地掌握一些基本的跳跃动作以后，适当增加一些跳跃距离和高度的要求，如增加向前跳的距离、增加纵跳的高度等。进行连续跳跃时，老师可加入音律和节奏（如击鼓），可增强幼儿身体的节律性，帮助其保持动作的连贯性。随着幼儿跳跃动作越来越熟练，下肢力量逐渐增强，身体动态平衡能力不断提高，可鼓励幼儿进行花样跳。如进行转身跳时，可从

90°到 180°，让幼儿更好地感受跳跃时身体重心的转移和变化；进行侧向跳时，可在地上放置绳子或画线，要求一定的速度。通过组合式的跳跃练习，可以避免单一的练习，增加跳跃练习的乐趣。

3. 教学后期

老师的注意力要放在进一步提升幼儿跳跃技巧上，如向前跳时要求胳膊向后，腿弯曲，身体前倾，落地时膝微屈；踮脚跳时强调手脚反向协调运动，每换一步保持流畅的节律性；单脚跳时强调起跳的腿屈曲接近 90°，双臂肘关节屈曲，用一只脚蹬地和落地，另一只脚提起不落地，换脚时没有停顿；纵跳时强调头和肩在双脚以上保持平衡，双臂向后伸展，双膝微屈会缓冲，跳起后身体会向上伸直；转身跳和侧向跳可帮助发展幼儿身体的协调性和方向感，强调侧向跳时双脚不触线，转身跳时身体与垂直面间的倾斜角小于 20°；跳跃障碍时强调准备起跳时双膝微屈，双臂弯曲向后，然后上伸，双膝加大屈曲然后起跳，双脚同时落地，双膝屈曲以缓冲力量。在此阶段，老师要帮助幼儿建立各种跳跃动作的熟练模式，及时纠正错误动作。

（四）教学目标

小班：主要进行纵跳、双脚向前跳、双脚连续跳、双脚跨跳等练习。要求幼儿学会几种基础跳跃动作，学会双脚同时起落，手臂的辅助摆动发力，动作要求准确，节奏应连贯。

中班：主要进行有距离要求的立定跳远、单脚向前跳、单脚连续跳、双脚交替跳、助跑跨跳等练习。在基础跳跃动作较为熟练的基础上，不断丰富跳跃的内容，逐渐增加跳跃的难度，进一步提高幼儿上下肢的协调能力和灵敏性。

大班：主要进行各种花样跳练习，且会利用器械，如前后左右变向跳、转身跳、侧向跳、跳绳、跳皮筋、蹦床等。要求尝试各种跳跃方式，增加幼儿利用器械进行跳跃的能力，并可将跳跃动作应用到日常的活动和生活中。

（五）教学建议

（1）练习时，建议选用安全、平坦、开阔的有一定弹性的塑胶运动场地。可以通过地面传感器反映幼儿双脚用力情况，并采集信息。

（2）跳跃动作相较于走跑动作来说，更为复杂，一般分为准备、起跳、腾空和落地四个阶段。准备阶段包括助跑和原地两种；起跳阶段是为了让身体获得起跳的速度和角度；腾空阶段主要是要维持身体在空中的平衡，并为落地做好准备；落地阶段主要是要缓冲身体和保持平衡。老师应让幼儿了解跳跃每个阶段的身体感受，尤其强调落地阶段的自我保护，防止幼儿在跳跃时出现脚踝受伤等情况。

(3) 跳跃很考验身体的协调性，尤其是上肢摆动、下肢屈曲、腰腹屈曲多方面的协调配合。在教学中要纠正一些容易犯的错误，如起跳时，容易向上屈大腿或向后屈小腿、上下肢配合不协调、蹬伸不充分、落地过重、不能屈膝缓冲、落地时身体不能平衡等，帮助幼儿进一步提高动态平衡能力和下肢爆发力。

四、攀、钻、爬

(一) 概念与释义

攀的动作能增强幼儿四肢的肌肉力量，尤其是上肢的肌肉力量，攀的动作还可促进幼儿的平衡能力、灵敏性与协调性。钻的动作能增强幼儿腿部和腰背部的肌肉力量。爬的动作可以帮助幼儿发展上下肢的协调能力，提高幼儿身体的灵敏性，可锻炼到幼儿的四肢、背部和腹部。

(二) 教学内容

1. 攀 (图 2-23)

(1) 动作要领

攀主要依靠双脚支撑，用力蹬伸，双手抓住攀登架（或攀爬物）往上或往前攀登，如攀肋木架、攀岩等。攀的动作需要强有力的手的抓握力量，还要求四肢的协调配合。

图 2-23 攀

(2) 练习方法与要求

攀爬时，一般采用双手抓握，要求一脚先登上一定的高度，然后手脚同时用力，使身体的重心得以提高。攀登肋木架的时候可同侧并步攀登，也可左右交替攀登。另外，还可鼓励幼儿攀登一些软质的绳索网，对四肢的力量要求更高。攀高考验幼儿的勇气，老师可适当鼓励和辅助。

2. 钻 (图 2-24)

(1) 动作要领

正面钻：身体正面向前，屈膝弯腰，一只脚进行支撑，另一只脚和头先钻过障碍物，然后身体其他部位钻过障碍物。

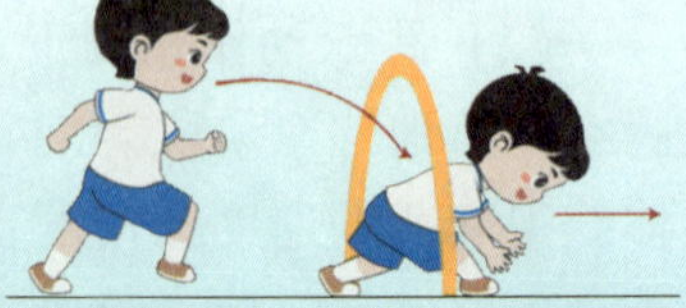
图 2-24 钻

侧面钻：身体侧向前，弯腰、低头、下蹲，一只脚先通过障碍物，然后是头和躯干，最后收回另一只脚。

(2) 练习方法与要求

正面钻的时候要求身体积极向前，整体钻过，侧面钻的时候要学会将身体的重心从一侧移向另一侧，要及时收回后脚。鼓励幼儿尝试钻过一些通道，有些通道过窄，对幼儿的柔韧性有一定的要求，可根据实际场地的情况安排。钻能够很好地锻炼幼儿身体的灵活性。

3. 爬（图 2-25）

(1) 动作要领

爬行是通过上肢与下肢之间各关节的相互协调配合进行的动作，可手膝或手足着地，目视前方，左右手、左右膝或左右足及小腿协调配合用力向前爬行，头稍抬起，强调异侧手膝的同步向前。爬行是婴儿期即出现的粗大动作之一，当幼儿直立行走出现后，爬行行为就变少了，爬行练习一般是根据教学的要求编排在幼儿的身体活动中，在最简单的手膝爬行的基础上，可花式演变出手足爬、匍匐爬、仰身爬等。

图 2-25 爬

(2) 练习方法与要求

爬行时可利用各种爬行通道，在地面上布置一些色彩鲜艳的标记进行引导。手膝爬时，需要放置适应爬行的宽大地垫，尤其注意手脚的协调配合；手足爬时，膝盖不要着地；匍匐爬时，爬行中臀部不抬起。进行各种方式爬行时，速度由慢变快，让幼儿感受身体重心的转移和四肢的协调配合，进一步锻炼幼儿肩背及腰部的力量。可以将攀、钻、爬等动作组合到一起，以游戏的形式进行练习，运动后注意手脚和腰背的放松，注意运动安全。

（三）教学过程

1. 教学前期

攀、钻、爬是幼儿在游戏和活动中喜欢尝试的动作方式，教学初期可增加幼儿活动的自由度，然后进行个别动作的教学，以教会其标准动作为主要目标，对其速度和距离不作过多要求。

2. 教学中期

各个动作较为熟练以后，老师可根据这几个动作的练习特点和技能要求，再结合幼儿的活动状态和能力水平，结合相关软器械和各种玩教具，利用组合器械设定练习的方式和形式。建议进行循环式训练，可增加幼儿练习的参与性和兴趣。

3. 教学后期

幼儿有了足够的活动度后，老师可根据幼儿的完成情况，逐渐增加各动作的难度，通过高度、距离、速度，以及组合的丰富性来增加幼儿练习的机会，鼓励幼儿挑战和尝试一些练习。由于攀、钻、爬是全身性运动，运动后要注意四肢及腰背部的放松，防止过度疲劳。

（四）教学目标

小班：自由攀、钻、爬，老师应为幼儿创设适宜这些运动的环境和较为简易的器械组合，如攀登肋木架、较矮的攀登设备。

中班：逐渐熟练掌握攀、钻、爬动作，手脚更为协调和灵敏，如钻过较长的通道。

大班：攀、钻、爬动作熟练后，逐渐增加组合器械的难度，对练习中的速度和距离提出更高要求，让幼儿更好地提高攀登中手脚交替的协调性，以及控制重心，保持平衡的能力；熟练掌握各种障碍下灵活钻的动作；熟练掌握各种爬行。老师应根据幼儿掌握动作的熟练度设计环境和选用合适的组合器械。

（五）教学建议

（1）练习时，选用适合攀、钻、爬的场所和场地，以及相关组合器械，注意器械和环境的安全，并对幼儿进行安全教育。

（2）攀、钻、爬等活动更适合老师设计游戏，游戏要求情景、探索、规则和社会，以个人竞赛或团体竞赛的形式展示，增加幼儿的活动参与度。

第三节　实物操作发展

一、投

（一）概念与释义

投是实物操作的动作之一。实物操作是指操作或控制球、棒等物体的动作技能的总称。投是体育活动中常用的基本动作之一，主要发展幼儿上肢力量，尤其是对物体的操作。投的动作中一般伴随腰、腹、背、下肢等部位及视觉运动能力的综合运用能力，是非常重要的一项粗大动作。投掷动作主要包括上手投掷、下手投掷、双手投掷等。投掷动作除了大肌肉群的动作外，还包括了手腕、手指等精细动作。

（二）教学内容

1. 上手投掷（图 2-26）

（1）动作要领

身体倾向投掷方向，两脚一前一后站立，重心后倒，投掷臂后引，目视前方，投掷时，后腿向前蹬起，同时转体，挺胸。手臂由身后快速向前上方挥臂投出投掷物。

图 2-26　上手投掷

（2）练习方法与要求

以右手投掷练习为例，发力阶段，髋部领先于上体向左转动，也就是沿投掷的反方向转体后，髋部首先开始向前转动，而此时，上体还保持向后转体的姿态。刚开始时，先进行自由单手上手投掷练习，注意动作的准确性，强调迈出的脚步与投掷手臂不在同一侧，手臂向后向下呈弧形运动，球向上从头后侧出手。先进行优势侧上肢的投掷练习，在同样的要求下，再进行非优势侧的练习，左右侧都要进行练习。老师须及时纠正幼儿错误的动作，并通过改变投掷物的种类和质量来增加投掷的难度，大小以方便幼儿持握为准。练习时可掷远和掷准，并通过体育游戏的方式进行。

2. 下手投掷（图 2-27）

（1）动作要领

身体倾向投掷方向，两脚前后开立，手不过肘，上身扭转，手臂向后下方摆动，上下肢逆向，低手投。

图 2-27　下手投掷

(2) 练习方法与要求

下手投掷要强调手臂向下向后甩扔，对侧脚向前迈步，旋转肩部，然后向目标区投出，一定要达到肩水平。刚开始练习时，先进行自由单手下手投掷，注意动作的准确性，要求投掷臂伸直，手臂随身体由后向前积极摆臂、甩腕、伸指关节，投掷时不要求距离。先进行优势侧上肢的扔球练习，再进行非优势侧的练习，左右都要进行练习。下手投掷可锻炼幼儿腕部的力量及手部的控制力，可掷远和掷准，通过体育游戏的方式进行。

3. 双手投掷（以肩上为例）（图 2-28）

(1) 动作要领

双手投掷包括双手肩上投掷、双手肩下投掷、双手胸前投掷等。练习以双手肩上投掷为例，身体面向投掷方向，两脚成弓步前后站立，后屈腿，双手持投掷物屈臂放于脑后，投掷时，身体重心快速向前移动，屈前腿膝，后脚积极并于前脚，上体积极下压，双臂经脑后，随身体向前上方快速伸展肘关节，手臂摆动扔出。

图 2-28　双手投掷（以肩上为例）

(2) 练习方法与要求

双手投掷可锻炼幼儿手臂的力量及双手的协作性，还可有效发展幼儿腰、背、肩、肘、手腕及身体的协调性。双手投掷一般选用较大一些的球，便于双手的持握，可通过不同材质和质量的球来增加动作的难度，可掷远和掷准，通过体育游戏的方式进行。

（三）教学过程

1. 教学前期

让幼儿感受投掷动作，学会自然地往前上方或远处挥动手臂扔投掷物。可先进行单手上手投掷动作的练习，用质量较小的球让幼儿练习抛，可悬挂一个吊环，引导幼儿扔球进环，根据幼儿的身高调整吊环的高度；下手投掷动作练习时，可引导幼儿扔纸球、沙包等轻的物品，可在较近的距离指定扔的区域，做出正确的动作即可。无论是上手还是下手投掷，都要求姿势正确，挥臂自然，身体各部位协调配合，建立幼儿对投掷的认知和基本控制能力。

2. 教学中期

上手和下手投掷动作逐渐熟练后，要求一定的投掷距离，先掷远，再要求一定的精准性，进行掷准。上手投掷：引导幼儿手臂向上扔的动作，扔球时确保步子向着目标；下手投掷：指定的目标区从地面移动至墙面，通过增加距离，逐渐增加投掷难度。增设靶区，通过一定范围的目标区域（靶区）和增加投掷的距离来增加投掷难度。

3. 教学后期

保证动作的准确性，及时纠正错误动作。上手投掷：强调起动时身体转向扔球手臂的对侧，手臂越过肩膀运动，重心向前转移到扔球手臂的对侧脚上，肩关节旋转，扔球手臂跟着转向投掷目标；下手投掷：强调面向目标区，手臂向下向后甩扔，对侧脚向前迈步，旋转肩部，然后向目标区投出，达到肩水平。各种投掷动作均要练习，从单手到双手，从上手到下手，目标区域可固定，幼儿站位可灵活变动，增加幼儿的方位感，掷远和掷准要结合练习。

（四）教学目标

小班：会单手的上手和下手投掷动作，会自然地向前上方或稍远处投掷（如小沙包、小纸球等）。

中班：投掷动作熟练，可进行一定距离和精准性的投掷。

大班：单手和双手投掷动作均熟练。可以准确地完成如下投掷动作，单手上手投掷：前后、侧向，并有转体；单手下手投掷：前后、侧向等；双手上手投掷：正面向前、背向向后；双手胸前投掷：以屈臂向前投掷为主；双手下手投掷：向上抛掷、向前（后）抛滚等。掷远和掷准可结合完成。

（五）教学建议

（1）投掷一般分为掷远和掷准。掷远一般强调的是距离，要求速度、力量及准确有效的投掷动作。掷准则是要求击中目标，不但要有肌肉的控制力，还要有动作的稳定性，且对视觉的配合有较高要求，手眼协调能力很重要，只有对空间和时间有一定的认知，才能完成动作。

（2）教学中，注意幼儿投掷动作中，下肢、躯干和上肢的位置是否合理，肩部、肘部、手腕及指关节发力是否合理，投掷动作是否连贯，投掷角度是否合理，投掷速度是否达到要求，投掷完成后缓冲是否到位等，老师需要进行及时纠正。

（3）投掷动作对幼儿来说有一定的难度，老师应循序渐进进行引导，在日常的教学环境中，根据投掷动作的要求，进行距离和靶区的环境布置，对于投掷物也要灵活选用，增加幼儿手部对物体的操控能力。

二、接

（一）概念与释义

接是一种常见的动作技能，是一项用手的操作动作，并以抓住物体为目标的活动，可用一只手或两只手来完成接的动作。一般接较大物体时，可通过双臂肘关节伸展或屈曲来接，或直接用手掌和手指接。接较小的物体时，可通过手掌和手指接。接的动作可以有效锻炼幼儿的手眼协调能力和身体的灵敏性。

（二）教学内容

1. 双手接地滚球（图 2-29）

（1）动作要领

老师用双手指腹将大球朝幼儿的方向滚出，鼓励幼儿坐在地面上或蹲下用双手将滚出的球接住。该动作适合用于年龄较小的幼儿的接球启蒙训练。

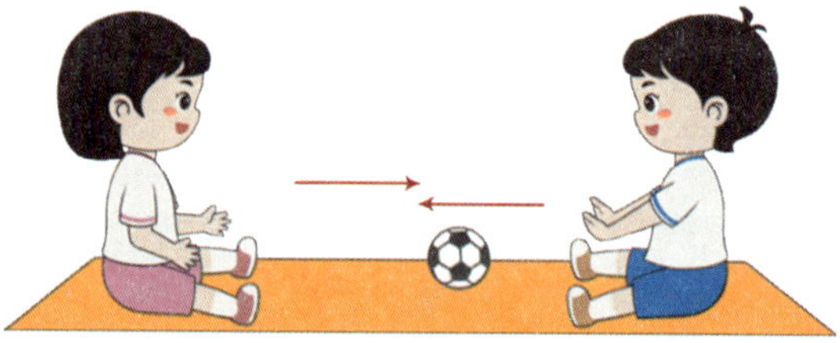

图 2-29　双手接地滚球

（2）练习方法与要求

练习时，先进行自由双人滚球，注意手腕的拨球发力和双手手掌、手指接球的动作，要求动作准确。等动作熟练以后，通过增加双人之间的距离来增加接球的难度，也可通过增加滚球的速度来增加接球的难度，进一步增加双手接地滚球的手感，让幼儿学会控球。接地滚球可有效锻炼幼儿在低重心下控球的姿势和对身体重心的控制。

2. 双手抛接球（图 2-30）

（1）动作要领

两脚平行站立，稍宽于肩，屈膝，上体稍前倾，两手持球于体前。两腿用力蹬直，挺髋、展体，两臂向上将球抛出，在球下落着地之前将球接住。

可分为自抛自接和双人或多人的互抛互接。

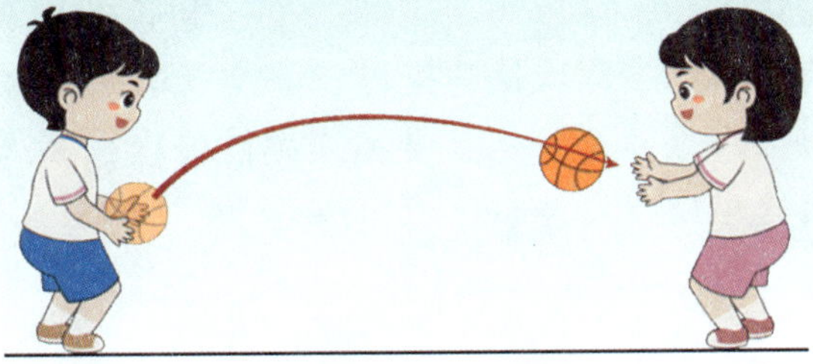

图 2-30　双手抛接球

（2）练习方法与要求

双手抛接球要求肘关节弯曲，手掌朝上或相对，有抱球动作。自由单人自抛自接大球，注意手腕的抛球发力和双手接球的抱球动作，老师鼓励幼儿手臂伸展迎球。动作熟练以后，可进行双人或多人的抛球游戏，先尝试固定点位下接球，再尝试跑动中接球，通过双人或多人的互抛互接来改变球的飞行方向，通过增加距离来增加接球的难度，也可通过改变球速和增加跑动来增加难度，进一步增加双手接移动球的手感。让幼儿学会控球，尤其是要学会用手掌和手指接球，可逐渐减小球的体积来练习。

（三）教学过程

1. 教学前期

幼儿往往接球不主动，甚至会害怕球，不会积极迎球，手臂无反应或出现抱球和捞球的动作，老师应示范，鼓励幼儿手臂伸展迎球，先从减少惧怕心理开始。通过轻质的充气大球让幼儿练习自抛自接，增加接球的成功体验，也学会主动迎球，然后慢慢改变球的质量和体积。鼓励幼儿学会观察球，学会用眼睛注视球，根据球的飞行特点，慢慢调整自己的位置，接球前身体学会放松。

2. 教学中期

进一步改进接的动作，接高球时手指向上，接低球时手指略微向下，逐渐学会根据球的空间特征来调整手指的位置，手会后移进行缓冲，手指会在恰当的时机抓住球，身体的重心从前向后转移。老师逐渐将大球换成小球，且通过改变接球距离、球速等逐渐增加接球难度和练习的机会。

3. 教学后期

进一步强调接球时保持眼睛跟踪球，双臂肘关节伸展或屈曲来接球，双手相对张开，双臂及双手将球带进身体。接小球时，会更好利用手掌。脚步、身体和手臂都能随着飞来的球进行相应的调整。

（四）教学目标

小班：自抛自接大球，双人慢速抛球，注意手掌和手臂的接球动作。

中班：自抛自接小球，双人快速抛球，注意互动抛球时的手眼协调。

大班：自抛自接小球，有一定高度和连续性要求；多人快速跑动下移动抛接球；尝试单手接小球，且左右手都可练习。

（五）教学建议

（1）刚开始练习抛接球的时候，部分幼儿可能怕被球砸到会选择躲避，因此老师应鼓励幼儿主动伸出双手接球，并且无论是自抛还是互抛，速度都应慢一点，通过改变抛球的高度和力度来调整。练习移动抛接的时候，注意运动中的安全。

（2）老师应选用大球，帮助幼儿建立信心和增加学习的动力，一旦幼儿能够用手接住来球，老师应循序渐进地减小球的体积。老师应学会通过改变球的空间位置和飞行轨迹、距离和高度、球的速度等学习任务约束来调整学习的内容和难度，增加学习的乐趣，丰富学习的环境，帮助幼儿更好地提高学习效率。

三、击打

（一）概念与释义

击打是一种用手来操控球类等物体的用力技巧动作。常见的击打动作有上手击打、下手击打、单手击打、双手击打、体侧击打等。击打动作可有效锻炼幼儿的手眼协调能力，通过完善击打动作，可让幼儿未来更好地进行乒乓球、棒垒球、羽毛球、排球等运动项目的学习。

（二）教学内容

1. 单手击打

（1）动作要领

单手持着球拍后摆引拍，对准目标，持球拍的异侧腿大步迈进准备击球，充分前挥，躯干和髋部依次转动产生力量，挥臂击球，动作连贯，身体重心越过支撑腿。

（2）练习方法与要求

刚开始练习时，容易出现“砍”的动作，引拍的动作幅度很小或几乎没有，更没有上步动作，即使有也只是身体同侧腿在动，躯干没有转体动作，手臂和手腕僵硬，挥拍的时机和来球的飞行节奏不一致。因此，老师要给予速度较慢、高度合适的来球，帮助幼儿提高击球成功率。从徒手动作开始练习，练习手臂的后引动作和躯干的转体动作，再练习持拍动作。

2. 双手击打

（1）动作要领

身体前后站立，重心在后腿，身体侧转，双手持棒后引，上步并将重心前移，持棒的异侧腿大步迈进准备击球，躯体依次转动发力，双臂向前挥击，身体重心移至前脚。

（2）练习方法与要求

幼儿所用挥击练习的器材大小和质量对幼儿的击打动作有一定的影响，刚开始练习的时候可选用较轻的器材，所击打的球也可进行悬吊和固定，通过弹力线的连接，便于幼儿练习，减少难度。双手击打动作同单手击打动作类似，除了练习双手和双臂的协同作用外，也需要练习躯体的转体、异侧的跨步、身体重心的前移、手臂用力地挥击等动作。老师应做出正确的示范，帮助幼儿分步练习。

（三）教学过程

1. 教学前期

通过老师标准动作的示范，幼儿进行视觉模仿，持握大小和质量适宜的球拍进行动作的练习，从单手的持拍到双手的持棒，老师通过给予合适的来球，或让幼儿击打固定的悬吊球，学会手眼的同步性，以“击中”来球为前期目标，增加幼儿的自信，提高幼儿的学习兴趣。

2. 教学中期

老师进一步强调动作的标准性，从准备姿势、发力姿势、后续姿势等动作进行一定要求的练习，对徒手动作进行重复性练习，尤其强调引拍、转体、挥臂、触球击打等动作，要求动作连贯，学会身体重心的转移，老师给予一定速度和距离的来球，帮助幼儿练习。

3. 教学后期

团队练习到分组练习，鼓励幼儿进行双人互助练习，可提高练习的乐趣。动作熟练后，老师应强调挥拍或挥棒的速度和控球能力，以及动作的连贯性，提高击打的命中率。

（四）教学目标

小班：学会持拍或持棒，徒手完成击打动作，可完成击打固定的悬吊的球。

中班：持拍或持棒击打动作标准，学会引拍、转体、重心转移等动作，可完成击打距离较近、速度较慢的来球，手眼一致。

大班：单手或双手击打动作标准且连贯，可完成击打有一定速度和距离的来球，手眼协调。

（五）教学建议

（1）击打动作对幼儿来说有一定的难度，刚开始练习时，要选择质量和大小适宜的球拍或球棒，从单手击打动作开始练习，逐渐到双手击打动作练习。

（2）帮助幼儿提高对击打动作的理解，从上臂后摆到转体，再到重心转移，让幼儿感知“用力”大小的区别，学会发力。

四、踢

（一）概念与释义

踢是用脚来击打的一种动作形式。踢是幼儿在可以单脚站立并可保持平衡的基础上进行的，踢可用在踢球上，也可踢一些其他物体。根据踢的时候脚的位置的不同，踢的动作要领各有不同，但一般由助跑、支撑脚站位、踢动腿摆动、触球（物体）、踢后随前动作等五个环节组成。以踢球为例，根据球（物体）的位置和状态的不同，可分为踢定位球、踢滚动球、踢反弹球、踢空中球等。

（二）教学内容

1. 原地踢（图 2-31）

（1）动作要领

球置于地面，脚正对出球方向，膝关节微屈，踢球腿在支撑脚前跨或助跑的最后一步蹬离地面时，顺势向后摆起。在支撑脚着地的同时，以髋关节为轴，大腿带动小腿由后向前摆，当膝盖摆至接近球正上方的刹那，小腿做爆发式前摆，脚背绷直，脚趾扣紧，脚击球。

图 2-31　原地踢

（2）练习方法与要求

刚开始练习时，要求摆动腿会后摆，大腿会带动小腿发力，触球时腿伸直。练习时也要注意组织形式，增加幼儿的踢球兴趣，鼓励幼儿尝试用脚的不同位置如脚尖、脚背内外侧等踢球，让幼儿感受不同的踢的动作。等踢的动作熟练后再进行一定距离和一定速度要求的踢球，可设置目标区，进行精准踢球练习。要求动作熟练以后，腿部的动作更加流畅，手臂也学会相对于踢球腿反向的摆动，支撑腿离地时学会缓冲；老师通过球的种类、大小、材质的不同，让幼儿感受不同的发力和控球，提高幼儿的参与度。

2. 移动踢

（1）动作要领

幼儿面向来球方向，移动调整身体位置，视线跟随球，时刻做好踢球准备，一旦球过来，立即屈膝向后伸腿，触球，上下肢逆向摆动，以缓冲腿的力量。

（2）练习方法与要求

刚开始练习时，可互传慢速的大球，以降低难度；等动作熟练以后，通过球的种类、大小不同，感受控球的区别，调整踢的动作。当幼儿能较为熟练地用各种姿势尝试踢球后，可鼓励其进行非优势腿的练习，左右脚分别踢球或交替踢球，进一步增强幼儿身体的灵活性和协调性。

（三）教学过程

1. 教学前期

可让幼儿踢静止的球，且尝试踢大而轻的球，如泡沫球、塑料球等，鼓励其踢球前准备姿势会跨步，踢球的发力顺序会先大腿，再小腿，触球时，会伸直腿，上身会后倾保持平衡，手臂会反向运动等。从建议准确的动作姿势开始，老师逐渐再替换球的类型，注意动作的准确性。

2. 教学中期

当踢静止的球可以踢一定距离的直线，可用脚内侧踢地滚球，也可用脚尖踢腾空球等，然后通过增加距离和改变球的体积和重量来增加踢的难度。之后尝试在跑动中踢移动的球，老师可组织踢球的形式，在游戏中进行，逐渐改进踢球的动作，提高踢的距离和精准性。无论是踢静止的球还是踢移动的球，左右脚均应练习，幼儿可以学会左右脚踢的动作。

3. 教学后期

强调动作的熟练性，要求准备阶段、用力阶段和后续动作阶段都可以流畅完成，大部分幼儿可以做到运用支撑腿大跨步或跳跃步的动作接近球，踢球腿用力摆动触球，并用跟随动作来缓冲踢球时产生的冲击力。

（四）教学目标

小班：原地踢轻质大球，学会踢的标准动作，左右脚尝试踢地滚球。

中班：原地和跑动中踢稍重的球和小球，进一步标准动作，可踢移动的球，左右脚尝试踢腾空球。

大班：快速精准移动踢球，主要踢高远球和精准球，可多人互踢。

（五）教学建议

（1）踢的动作要求一定的眼足协调、平衡和感知动作的能力。幼儿静态和动态的平衡能力与踢有着密切的关系，踢可以帮助提高幼儿平衡，同时，平衡也是幼儿进行踢的动作的前提和基础。刚开始教学时可从幼儿的单脚站立等平衡能力的训练开始。

（2）踢球时要求幼儿眼随球动，眼脚协调配合进行球的传送，用脚的不同位置踢原地球和移动的球，鼓励幼儿左右脚都尝试踢球，在动作正确的情况下，进一步增强上下肢的协调配合。踢球可单人进行也可团体进行，建议采用团体竞赛的方式，增强踢球的趣味性。控制好运动强度，避免幼儿出现过度疲劳，运动后进行放松。踢球注意穿着合适的鞋子，更利于运动，防止出现脚踝的受伤和跑动中的摔倒。

第三章

幼儿体操

幼儿体操是指通过艺术和运动的整合，幼儿进行的各种基本肢体动作的总称，通常包括徒手体操和器械体操。徒手体操是指不利用器械、以徒手形式进行的操练，是由身体各部位的动作所组成的单个、单节和成套的动作。器械体操是指利用轻器械或辅助器械完成各种基本动作及其组合的体操练习。体操是幼儿园体育活动的重要手段之一，体操课程根据幼儿身心发展的特点和规律，通过基本动作的练习，以优美、有趣、快乐的表达方式，有效促进幼儿身体全面发育，使幼儿动作协调、灵敏，具有良好的柔韧性，发展和增强幼儿个别肌肉群力量，培养正确的姿势和仪态，发展其空间方位知觉、节奏感及肌肉控制能力等。

第一节　徒手体操

一、姿势

（一）概念与释义

姿势是指身姿呈现的架势和样子。幼儿的姿势一般包括坐姿、站姿、行姿、跪姿等。幼儿阶段是塑造优美体形和仪态的最佳时期，通过单个姿势的训练，可以帮助幼儿从小建立正确的姿势，保持良好的姿态。

（二）教学内容

1. 坐姿和站姿（图 3-1 和图 3-2）

（1）动作要领

坐姿：屈髋，臀部和腿后侧坐于凳子正中或 2/3 处，抬头挺胸，躯干挺直，眼睛平视前方，左、右大腿大致平行，膝弯屈大致成直角，足平放在地面上，双手置于大腿处，有椅背的可轻靠支撑。

站姿：头部正直，两眼正视前方，躯干挺直，腿伸直，上肢自然下垂，脚跟并拢，脚尖分开约 60°。

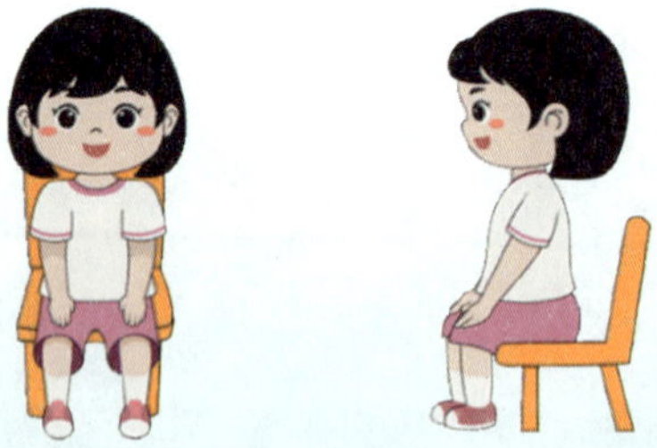

图 3-1　坐姿

图 3-2　站姿

（2）练习方法与要求

坐姿主要练习凳上坐姿，需要选用较适合幼儿身高的椅子，有靠背，可帮助幼儿背部保持直立，防止出现驼背的现象。若幼儿坐在地垫上时，根据姿势的不同，还可进行屈膝坐、分腿坐、交叉屈腿坐等，避免出现“W”坐姿。不良的坐姿会影响幼儿腿型的发育，要及时纠正，无论何种坐姿，都要时刻保持躯干挺直。

站姿主要练习正立。站姿还包括开立站、提踵站等，这些姿势并不常出现，但可应用于幼儿的体操组合练习中。

2. 姿态操

（1）动作要领

头颈部动作：颈前（后）屈、颈左（右）屈、颈左（右）侧转、颈环绕和颈前伸。

上肢动作：侧平举、前平举、上举、斜上举、斜下举、胸前平屈、肩侧屈、头后屈、两臂绕及绕环、肩绕及绕环、振臂、摆臂。

胸部动作：直臂向上扩胸、直臂侧向扩胸、屈臂侧向扩胸。

蹲的姿势：屈膝站立的姿势，包括半蹲和全蹲。

跪的姿势：屈膝，以小腿和脚或膝着地的姿势，包括并腿跪和单腿跪。

（2）练习方法与要求

姿态操主要是根据幼儿不同姿势，尤其是坐姿和站姿，为了更好地保持幼儿的姿态而创编的徒手体操。姿态操可通过对称性和非对称性的上肢动作，帮助幼儿建立横、平、竖、直的概念；通过头颈部的灵活变化，帮助幼儿建立方向感和增加幼儿动作的美感，帮助幼儿腰背更好地挺直；通过胸部动作，增强幼儿的胸部力量和柔韧性，进一步加强躯干直立。从单个姿势的练习，到逐渐增加跪姿和蹲姿，让幼儿学会身体重心的转移和控制，按口令，按组合顺序进行；在音乐伴奏下，增加律动，强调动作的准确和到位；老师可根据幼儿的能力和水平自编成套动作进行表演。

（三）教学过程

1. 教学前期

以姿势模仿为主，练习基本的坐姿和站姿，练习时尤其强调躯干的直立、手和脚的摆放位置，要求姿势的保持。

2. 教学中期

增加跪姿和蹲姿，以各种姿势之间的转换练习为主，在姿势转换时，逐渐增加各种姿势保持的能力。

3. 教学后期

增加头部动作、上肢动作、胸部动作等，根据幼儿对各种姿势的掌握情况，创编姿态操，进行单人和团体的练习。

（四）教学目标

小班：学会标准的站姿、坐姿、跪姿、蹲姿等，并可配合简单的头部、上肢等动作进行姿态操模仿练习。小班姿态操不宜过长，可配合节奏较慢的音乐，一般音乐长度为四个四拍或两个八拍，四到五个小节即可。

中班：进一步增加各姿势的标准和难度，要求姿势的切换和组合，并配上一定难度的头部、上肢、胸部等动作。中班姿态操可配合节奏有慢有快的音乐，一般音乐长度为两个八拍，五到六个小节即可，活动量逐渐增大。

大班：增加动作变化多和动作难度大的姿势练习及姿态操组合练习。大班姿态操配合快慢相间的音乐，一般音乐长度为两个八拍或四个八拍，六到八个小节，活动量较大。

（五）教学建议

（1）姿势练习和姿态操学习可以培养幼儿正确的身体姿势和一定的节奏感，发展幼儿的空间知觉和时间知觉等，姿态操应根据幼儿身心发展水平和特点及各姿势掌握程度专门设计和创编。

（2）从单人指导到团体指导。团体进行时，要求队伍整齐，注意与他人之间的距离，以免碰撞和干扰，动作要求一致，要有节奏，尽可能保持准确，选择旋律简单、轻松活泼的音乐的。组合动作中减少髋关节的振动、扭转或摇摆动作，以免骨盆发育受影响。

二、屈伸

（一）概念与释义

屈伸是身体活动形式之一，在解剖学标准姿势下，如肘关节弯曲时叫“屈”，肘关节伸直时叫“伸”。屈伸运动发生在冠状轴上，冠状轴是从左右方向上贯穿人体的假想轴线，运动时两骨相互靠近，相关关节的骨之间夹角变小为屈，反之为伸。

（二）教学内容

1. 体前屈（图 3-3）

（1）动作要领

站立位体前屈：直膝，弯腰两手撑地或者弯腰两手抱小腿。

坐位体前屈：幼儿直膝并腿坐，脚面绷直，屈髋，要求背部要直，防止低头弓背，手指指尖往前伸直够脚尖。

图 3-3　体前屈

（2）练习方法与要求

坐位体前屈是幼儿柔韧性发展和测评的主要内容之一。刚开始练习时，幼儿的柔韧性有一定的差异，不要轻易使用外力，更不要硬压，避免幼儿产生抵触情绪，以鼓励表扬为主，但也要明确告知幼儿酸痛是正常的，学会坚持和忍耐，培养幼儿的意志力。鼓励幼儿尽量根据自身情况最大幅度屈伸，手可触碰或超过脚尖或地面，提醒幼儿手超过得越远越好。刚开始可单人练习，动作熟练后，可进行双人练习，以游戏的形式展示，如“骑大马”，要求一人做体前屈，另一人分腿骑坐在同伴背上，互相交换。练习中防止过度被动拉伸，注意运动安全。

2. 体后屈（图 3-4）

（1）动作要领

直立位体后屈：站立，上体尽量向后弯曲，双手可扶腿。

跪位体后屈：双腿跪立，上体尽量向后弯曲，两手撑地或扶脚踝。

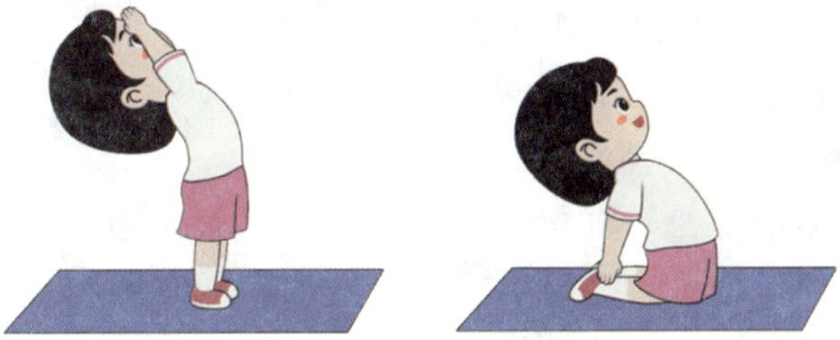

图 3-4　体后屈

（2）练习方法与要求

体后屈对于幼儿来说有一些难度，比体前屈有更高要求的身体控制。体后屈是建立在幼儿具有良好的柔韧性的基础上才可达到的，因此在进行该练习之前，先要发展幼儿躯干的柔韧性，进行一定的静力性和动力性拉伸，然后在老师的辅助下进行练习，让幼儿感受后仰的身体姿势，不过度被动施压。辅助练习熟练以后，尝试独立体后屈，先从跪立位开始，再练习直立位。需要练习一定的时间，才可很好地独立进行，且达到一定的身体后仰幅度，做出标准的动作。

3. 体侧屈（图 3-5）

（1）动作要领

身体正直，目视前方，双脚左右开立，稍宽于肩，下肢不动，上体向左侧或向右侧倾斜屈曲，手臂可直臂、屈臂或叉腰等。

图 3-5　体侧屈

（2）练习方法与要求

体侧屈较体前屈和体后屈简单，练习方法基本相同，但在体侧屈练习时要注意身体向侧侧倾斜的方向，有些幼儿容易向前倾斜，老师一定要纠正其倾斜的方向。另外，体侧屈一定要身体两边均练习，保持身体两边的平衡，不要只练优势侧，弱势的一侧更要增加练习的机会和次数，循序渐进，逐渐增加倾斜屈曲的幅度，以提高躯干的柔韧性。

（三）教学过程

1. 教学前期

着重动作的模仿，每个屈曲动作进行固定化练习，将屈伸结合、动静结合。刚开始练习时，不过于强调身体屈曲的幅度，鼓励幼儿尽力即可，稍感到酸胀痛，然后随着幼儿柔韧性的改善，逐渐增加屈曲幅度，不要硬加外力，可稍加辅助，鼓励幼儿学会主动用力。

2. 教学中期

着重动作熟练度的提高。躯干前、后、左、右各个方向的屈曲幅度逐渐增大，鼓励幼儿独立完成，不用助力。

3. 教学后期

适当增加动作难度，如直立位体前屈，手掌可撑地；直立位体后屈，头部可碰脚，结成环。练习时，为了进一步增加屈曲幅度，可鼓励幼儿站在高处进行体前屈，将躯干屈伸的动作进行整合练习，编排成徒手体操，配上轻缓的音乐进行展示。

（四）教学目标

小班：以个体练习为主，保证每个动作可以准确完成，可适当辅助，不过分强调动作的幅度。

中班：以个体练习为主，强度动作的力度和表现力，有一定的自信心，可独立完成。

大班：以团体练习为主，增加动作的幅度、节奏和力度，尝试两人及以上的合作。

（五）教学建议

（1）柔韧性是人体美的基础，动作的幅度、力度、表现力和自信心都有赖于柔韧性素质。幼儿阶段是发展柔韧性的最佳时期，从小训练会事半功倍，对幼儿躯干的屈伸练习可有效提高其身体的柔韧性。

（2）练习需要循序渐进、持之以恒，才能收到较好的练习效果。鼓励幼儿独立完成，减少辅助用力，老师可提示幼儿头、脚或手离地还有多少距离，以鼓励为主。基础稍差的幼儿，老师应布置适当的家庭作业，在家长监督和帮助下持续练习，坚持才有收获。

三、支撑

（一）概念与释义

支撑是指用手和身体其他部分支撑在地上的姿势，如俯卧支撑、仰卧支撑、立卧支撑、分腿屈体支撑等。支撑动作需要幼儿克服自身的体重，可锻炼幼儿四肢和躯干的肌肉力量。支撑部位及支撑面积的不同，决定了支撑动作的难度。

（二）教学内容

1. 俯卧支撑（图 3-6）

（1）动作要领

俯卧位，双手支撑着地，脚可放在地面也可放在有一定高度的凳子上，动作要含胸、圆背、顶肩，坚持数秒，支撑成“桥”的形状，可单人和多人组成单桥和多桥。

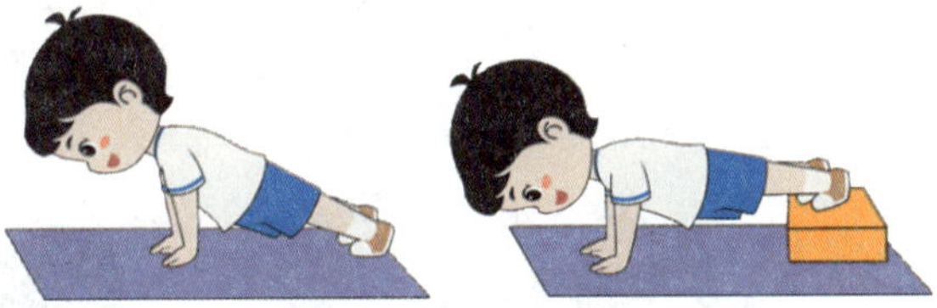

图 3-6　俯卧支撑

（2）练习方法与要求

先在老师的辅助下进行地面俯卧支撑，动作准确后，可将脚放在有一定高度的凳子面上，两手撑地，刚开始练习时，让幼儿感受支撑的姿势，不过度被动施压，可保持 5~10 秒即可。动作熟练以后，尝试增加脚的高度，慢慢过渡到斜向支撑，随着高度的增加，可尝试靠墙倒立支撑。多人练习时，可尝试互相合作支撑，锻炼团队合作。幼儿的力量训练从大肌肉群开始，上肢、下肢和腰腹都应加强训练。

2. 仰卧支撑（图 3-7）

（1）动作要领

仰卧坐位支撑：仰卧位，身体成坐姿，双手于体后支撑，高重心，充分挺身、直膝并腿，成“V”形，静止 15 秒钟不变形。

仰卧起桥支撑：仰卧位，分腿屈膝，两臂屈肘，两手置于肩上方，手指朝后撑地，以两手两脚为支撑点，挺身成桥的形状。

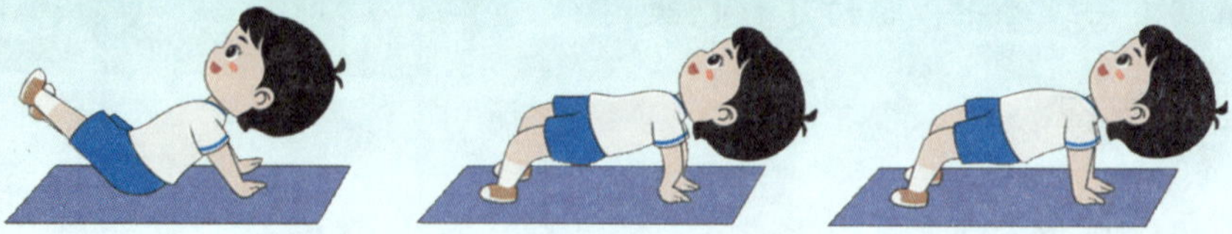

图 3-7 仰卧支撑

（2）练习方法与要求

支撑动作的完成是建立在幼儿具有一定的力量素质基础上的，仰卧位各种支撑动作可以锻炼幼儿对身体的控制能力。仰卧坐位支撑练习时，要求手部着地支撑，膝关节不弯曲，双腿伸直同时举起，不要分腿或收髋，不宜过分强调上体和腿部屈曲的角度，逐渐成“V”形，可动静结合练习，然后强调静力支撑的时间，并能坚持 5~6 秒，逐渐到 10 秒左右，动作不变形。仰卧起桥支撑练习时，注意手脚支撑点的稳定性及手脚之间的距离。练习时，鼓励幼儿合作进行，可根据幼儿的情况进行支撑动作的组合，组成各种形状，寓教于乐。

3. 立卧撑（图 3-8）

（1）动作要领

屈膝下蹲，两手撑地，两脚蹬地后伸成俯撑，两脚蹬地收回蹲撑。

图 3-8 立卧撑

（2）练习方法与要求

立卧撑有一个从蹲撑到俯撑的腾空动作，务必注意动作的标准，要求动作到位，增加练习的次数，让动作连贯。练习中注意安全和趣味，以鼓励为主。可结合支撑动作进行组合练习，动静结合。

4. 肩肘倒立（图 3-9）

（1）动作要领

从直膝并腿坐开始，上体前倾摸脚尖，上体抬起后接着后倒，两腿顺势向上伸直，同时两臂屈肘、内收，两手拖住腰部成倒立支撑。

图 3-9　肩肘倒立

(2) 练习方法与要求

肩肘倒立的动作要点是两臂用力压撑地面，向上伸展髋部和两腿的同时，两手撑于腰背的两侧（两肘内夹）。当幼儿立不住时，老师可要求其练习屈腿的肩肘倒立，立稳后，再慢慢将腿伸直；当幼儿立不直时，老师可要求其立腰、挺髋、挺腹、伸腿、伸脚尖。辅助时，老师可两手提幼儿踝关节向上，同时一膝抵住腰部。肩肘倒立适合较大的幼儿，基础较好的幼儿可让其坚持学习，基础薄弱的幼儿以尝试为主。肩肘倒立完成后，可加上左右分腿，回落成大分腿坐，与肩肘倒立连成一个组合，增加动作的准确性，尤其是两腿伸直的程度。可自编组合进行连贯性练习。

(三) 教学过程

1. 教学前期

以单人的单个支撑练习为主，手脚同时或躯干着地支撑，让幼儿感受支撑时手臂或躯干的发力，进行简单的克服体重的力量练习。提高幼儿的力量素质是完成简单支撑动作的基础，老师可辅助和保护。

2. 教学中期

以多人的多个支撑练习为主，减少手脚或躯干的支撑面积，鼓励幼儿独立完成。借助桌子或凳子等增加支撑的高度和难度，同伴之间学会辅助和保护，合作完成有一定难度的混合支撑练习。团体进行组合练习时，老师可保护。

3. 教学后期

以有一定难度的支撑动作练习为主，并将各种难度的动作进行组合，为以后的自由体操练习做好基础准备。老师可借助音乐和节律等，编排成套动作，鼓励幼儿独立展示，增强其表演的自信和能力。

(四) 教学目标

小班：学会简单的仰卧位和俯卧位的双手双脚支撑，以地面支撑为主，体会支撑时身体重心的控制，有一定的力量素质。

中班：学会各种混合支撑，可多人组合练习，逐渐减少手脚或身体的支撑面积，有良好的力量素质。

大班：可完成有难度的靠墙倒立、肩肘倒立、躯干锐角支撑等动作，能更好地克服自身体重。

（五）教学建议

（1）支撑动作更多的是力量练习，练习时比较枯燥，老师可进行情景化练习，将支撑动作形象地比喻为桥或字母等，让练习变得生动有趣，有些较难的动作，老师辅助完成，以增加幼儿的信心。

（2）老师可引导家长配合，做好家庭的辅助指导工作，以便幼儿持续练习，保证练习的时间，进一步巩固动作。支撑动作较多是在地面上完成的，应尽量选用弹性适度的专用体操地垫，练习时注意保护和安全。

四、平衡

（一）概念与释义

平衡是指在体操中通过用脚、手和脚或身体其他部位支撑在地面上，保持的预定静止姿势。常见的平衡动作有俯平衡、侧平衡、仰平衡等，根据身体位置和姿势的不同，要求的平衡能力也不同。幼儿阶段是平衡能力培养的黄金时期，在幼儿体操活动中，要把需要一定平衡能力的动作作为发展目标之一。

（二）教学内容

1. 俯卧两头起（图 3-10）

（1）动作要领

俯卧位，抬起头和上体，双手上举，双脚保持并脚、直膝、绷脚，腹部支撑地面，向上抬起。

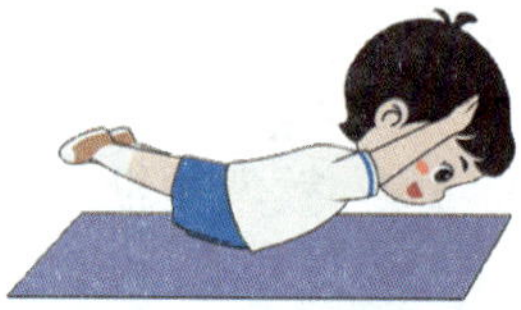

图 3-10　俯卧两头起

（2）练习方法与要求

通过该动作帮助幼儿学会基本的体操动作造型，可借助凳子，在凳子上练习该动作，增加幼儿的胆量。在地面上练习时，可将体前屈、体后屈等腹背练习进行组合，通过增加动作的幅度和组数增加难度，同时可配节律。

2. 扳足平衡（图 3-11）

（1）动作要领

右手扶杆或独立进行，左腿屈膝上提，左手扳起左腿成侧扳足平衡，保持，放开左手，由侧扳足平衡手成控腿平衡，力求保持动力腿控腿的高度，左右腿交换练习。

图 3-11　扳足平衡

(2) 练习方法与要求

从基础动作开始，增加动作的幅度和难度，即可让基础动作演变为较有难度的动作。一侧练习完，侧控腿要求缓缓落下，每个动作需要进行双侧练习，非优势侧更要多加练习。配合音乐，可选择某些动作进行组合练习。

3. 坐位平衡（图 3-12）

(1) 动作要领

身体平躺于地面，双手于体侧成侧平举，双腿伸直放于地面，两臂在体后支撑地面，双腿及上身慢慢抬起，同时收腹，控制重心，尽力保持身体的平衡，慢慢抬起手臂。

图 3-12　坐位平衡

(2) 练习方法与要求

当姿势正确后，可增加保持的时间，强化身体的控制力。在基本动作熟练后，在一定的位置尽力保持身体的平衡，腿开始可放低，慢慢抬高，保持在可以做到的最高位置。根据幼儿情况可演变多种平衡姿势，如仰卧团身平衡、俯身两头起平衡等，可进行组合练习。

4. 俯身摇动（图 3-13）

(1) 动作要领

身体平卧于地面，双手向后伸出，双腿向后屈，同时双手抓住踝关节，以腹部支撑地面，身体成反弓，同时抬头，使身体摇动。

图 3-13　俯身摇动

(2) 练习方法与要求

静止动作熟练后，开始摇动身体重心，使身体摇动，同时仍然保持正确姿势。在基本动作中加入平衡、速度等元素，促进综合能力的提升，进一步增强身体的控制力。

（三）教学过程

1. 教学前期

首先锻炼幼儿的力量素质，只有在稳定的支撑下，才可保持静态和动态平衡。完成一些简单的支撑面积大的静态平衡动作，如俯平衡、侧平衡、仰平衡。俯平衡：一腿站立，上体前倾至水平部位，另一腿后举至极限，同时两臂侧举。侧平衡：一腿站立，上体侧倒至水平部位，另一腿侧举，举腿的同侧臂同时上举，另一臂在背后。仰平衡：一腿站立，上体后倒至水平部位，另一腿前举，同时两臂侧举。这些动作较为简单，都是脚部的支撑平衡，两脚都应练习，让幼儿感受身体重心控制，逐渐增加动作的难度。

2. 教学中期

增加幼儿的柔韧性练习，很多有难度的动作需要幼儿肢体和躯体的充分伸展和屈曲才可完成，因此，除了继续锻炼幼儿的力量素质外，柔韧性也要完善。减小手和脚及躯干的支撑面积，增加动作的幅度和难度，动态平衡动作和静态平衡动作要组合练习。

3. 教学后期

通过反复练习，幼儿可独立完成有一定难度的平衡动作，如不扶手的扳足平衡、手不撑地的坐位“V”形平衡等，可进行团队练习，组合成各种造型，增加平衡动作的难度和丰富性。

（四）教学目标

小班：学会简单的手、脚和躯干支撑下的平衡动作，以静态平衡为主。

中班：学会有一定难度的，支撑面积较小的平衡动作，静态平衡和动态平衡都可独立完成。

大班：学会难度较高的平衡动作，除了可独立完成外，还可多人合作完成。

（五）教学建议

（1）练习时，建议选用安全、平坦、开阔并且有地垫的体操场地。

（2）幼儿穿着弹性好的运动服饰，有条件的可穿着专业的体操服，以便于身体更好地伸展。

（3）在练习平衡动作的过程中容易摔倒，刚开始练习时，老师应注意保护，等幼儿动作熟练后可进行半保护，鼓励其独立完成，培养幼儿勇敢和坚持的意志品质。

五、滚翻

（一）概念与释义

滚翻是体操基本动作之一，指身体的某些部位依次支撑地面或器械，并经过头部的翻转动作。从方向上分，滚翻有向前、向后、向侧滚翻；从动作形式上分，滚翻有团身、屈体、直体滚翻等。

（二）教学内容

1. 前滚翻（图 3-14）

（1）动作要领

滚翻时，重心前移，两腿蹬直离地，同时屈膝，低头、含胸、提臀，以头的后部在两手支点前着垫，依次经颈、背、腰、臀向前滚动。当滚至背部着垫时迅速收腹屈膝，上体紧跟大腿团身抱膝成蹲立。

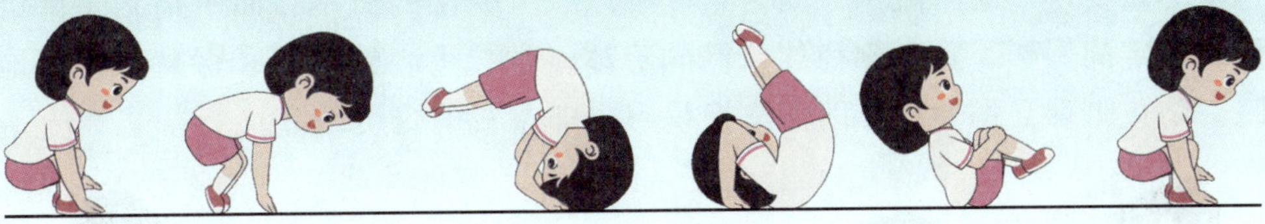

图 3-14　前滚翻

（2）练习方法与要求

练习时，在安全地垫上，引导幼儿下颏贴胸，把手放在幼儿颈部后进行保护，帮助其进行滚翻。借助小斜坡，学会更好地控制身体滚翻时的平衡。强调滚翻时，双脚和双膝靠拢，双脚平放，蹲下，下颏贴胸，注意头顶不能接触垫子。尝试从单个滚翻到连续滚翻。强调动作利用体前屈动作，臀部取高位，低头，屈臂使身体重心超过支撑点，顺势滚翻。

2. 侧身滚翻（图 3-15）

（1）动作要领

身体俯身平躺地面，双手上举平或屈肘放于胸前，转动肩关节，带动躯干，拧腰，带动下肢向一侧滚动。

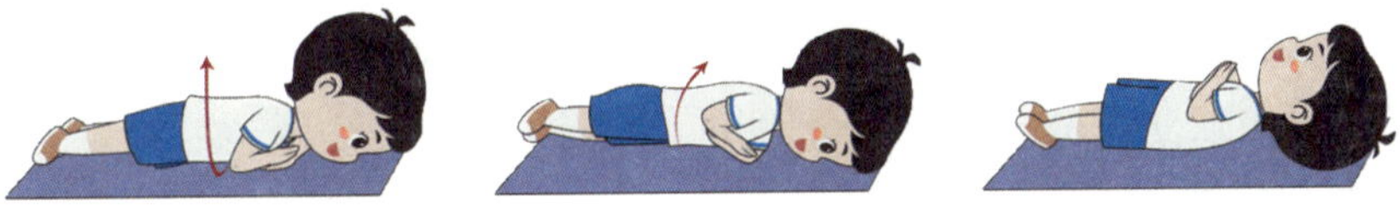

图 3-15　侧身滚翻

（2）练习方法与要求

刚开始练习时，先尝试身体优势侧滚翻，再尝试非优势侧，老师辅助练习后，再尝试独立滚翻，要求动作连贯。侧身滚翻，左右侧均应练习，从单个滚翻到连续滚翻，速度逐渐增加。可提供一定的坡度，坡度可调节，借助坡度进行滚翻，增加该动作控制身体能力和保持平衡的难度。

3. 侧手翻（图 3-16）

（1）动作要领

要求在一条直线上，两手、两脚四个支撑点依次落地，预摆姿势后，左脚蹬地，右腿向后上方摆起，两手向前下方左右依次撑地，经左右分腿倒立过程依次推离地面，两脚左右依次落地（或反方向）。

（2）练习方法与要求

练习时，双臂要伸直举起，使手指尽可能地抬高，使其距地面的距离尽可能大，在整个过程中都要收腹，四肢全部伸直。先尝试原地侧手翻，然后再尝试助跑侧手翻，两手掌的间距保持在 1.5 个肩宽左右。在侧手翻的时候速度尽量要快，动作流畅，因为这样可以减少受伤的概率，而手指和头都可受到一定的保护。要时刻稳住自己的身体，学会重心的控制和保持，在落地时，防止脚踝受伤。身体两侧交换练习，即左右手交换练习。

图 3-16　侧手翻

（三）教学过程

1. 教学前期

鼓励幼儿自由滚翻，借助一定的坡度滚翻，在滚翻中提高对身体重心转变和平衡控制的认知，并互相合作游戏，提高对滚翻的兴趣。

2. 教学中期

单个滚翻动作的重复性练习。双侧滚翻较为简单，但非优势侧要多加练习，保证双侧身体的平衡发展。前滚翻有一定的难度，老师可辅助，熟练后，鼓励幼儿独立完成，注意头颈部的保护。

3. 教学后期

连续性滚翻的练习。将多种滚翻动作进行组合游戏，在情境中增加练习的乐趣，且可将其他体操动作组合成套路，进行简单的徒手自由体操练习，进一步巩固翻滚动作。

（四）教学目标

小班：学会简单的自由滚翻，学会控制身体的重心。

中班：学会前滚翻和侧身滚翻，协调能力和平衡能力进一步提高。

大班：学会前滚翻组合动作，学会连续双侧滚翻、侧手翻等难度较大的动作，身体控制能力进一步提高。

（五）教学建议

老师在教学时应注意辅助和保护，鼓励幼儿互相帮助。进行前滚翻时，老师一定要进行标准动作的演示，注意幼儿头颈的保护，防止出现意外受伤情况。滚翻练习可借助坡度练习。

六、劈叉

（一）概念与释义

劈叉是体操的基本功之一，一般指两腿分开 180°着地的姿势，分为纵劈叉和横劈叉，两腿前后分的叫纵劈叉，左右分的叫横劈叉。劈叉是幼儿腿的开度练习，是腿部柔韧性的表现之一。

（二）教学内容

1. 半劈叉（图 3-17）

（1）动作要领

一腿向正后方伸出，直膝、绷脚尖，上体直立，另一条腿弯曲尽量与地面紧贴无间隙。

图 3-17　半劈叉

（2）练习方法与要求

刚开始可以先做弓步压腿练习，随后进行后腿伸直、前腿弯曲的半劈叉练习。练习时注意向后的腿要伸直，紧贴地面，前面的腿在刚开始练习时与地面可有间隙，过渡到前腿紧贴地面，无间隙。左右腿交替练习。

2. 纵劈叉和横劈叉（图 3-18 和图 3-19）

（1）动作要领

身体坐于地面，两腿伸直，同时分别向左右或前后最大幅度分开，纵劈叉时，双手自然垂于体侧或双手向前伸出，同时抓住踝关节或脚尖；横劈叉时，身体向前倾，有节奏下压，并可保持一定的时间。

图 3-18　纵劈叉

图 3-19　横劈叉

（2）练习方法与要求

可先进行压腿练习，压腿后需要踢腿来辅助锻炼韧带的拉伸及肌肉的力量，踢腿一般包括勾脚踢腿和绷脚尖踢腿，踢腿时应该注意身体的正直，支撑腿的直立，在支撑腿不弯曲的情况下尽可能踢高。在半劈叉熟练的基础上进行全劈叉练习，进一步锻炼幼儿下肢的柔韧性，根据幼儿能力对基本动作进行整合，后期可自编成自由体操在音乐的配合下进行练习。

（三）教学过程

1. 教学前期

增强腿部的柔韧性，进行腿的开度练习，要求脚跟对着另一只脚的脚尖前移三步，然后以一脚脚跟为轴，前脚掌离地外旋，成二位站立，膝关节、髋关节都要外开。腿的开度练习有一定的难度，时刻要求幼儿必须挺直腰背，开始可扶把，慢慢独立练习，强化幼儿体操动作的“开、绷、直”，主要进行二位半蹲和全蹲的练习，学会控制身体的重心，脱离扶把，增加训练的量，提高动作的标准和幅度，配合音乐，按节奏训练。腿开度练习后，进行地面半劈叉练习，动作熟练后，在有一定高度的凳子上进行练习。

2. 教学中期

继续增强腿部的柔韧性，进行扳腿练习，要求坐于小凳上，左腿屈膝，小腿横放在右大腿上，右手握住左脚脚跟，左手按住左膝，另一侧腿方法一样。要求幼儿保持上身直立，逐步增加控腿的能力，坐在小凳上，左手将左小腿抬起（手握左脚脚跟），使左腿伸直高举，左手扶左腿膝关节腘窝处，学会动作后，逐渐增加保持以上姿势的时间，手要帮助绷脚尖、直膝盖的高举腿动作，最后可将脚扳至贴近面部，另一腿一样。扳腿练习后，尝试地面纵劈叉和横劈叉，老师鼓励幼儿独立完成。

3. 教学后期

进一步提高腿部的柔韧性，进行压腿、踢腿等练习。先充分做好腿的开度练习，时间在15~20分钟，然后再进行纵劈叉和横劈叉练习。能力稍弱的幼儿，老师可助力辅助，但要注意助力的大小，以防幼儿受伤；能力较好的幼儿，可抬高脚踝的高度，前后脚均可练习，进一步增加劈叉的幅度。动作熟练后，进行和其他动作组合的连贯性练习。

（四）教学目标

小班：学会在地面或椅子上的半劈叉动作。

中班：独立完成横劈叉和纵劈叉。

大班：独立完成横劈叉和纵劈叉，且可通过抬高脚踝高度增加难度，可将劈叉动作组合进自由体操进行展示。

(五) 教学建议

(1) 劈叉练习之前，一定要做好充分的准备活动，先进行一定的压腿、踢腿等练习，再进行劈叉练习，效果会更好。

(2) 劈叉有一定的难度，幼儿容易感到腿部的酸痛，且练习比较枯燥，容易产生抵触的情绪，尤其是需要帮忙助力的时候，幼儿会不愿意配合，老师一定要正向鼓励，且引导家长一起协助，在学校和家庭中共同创设练习的环境。劈叉需要每天坚持练习，持之以恒才会有效果，因此，要耐心鼓励幼儿学会坚持。

(3) 老师需要告知幼儿酸痛是属于正常的现象，减少害怕心理，培养吃苦训练的意志品质。

第二节 器械体操

一、平衡木

(一) 概念与释义

平衡木一般长 5 米、宽 0.1 米，高度可升可降，正式比赛高度为 1.2 米。按一定的时间、空间顺序，在人的中枢神经系统的支配下，人可以在平衡木上完成各种静力性、动力性的体操动作。平衡木可增强幼儿身体素质，提高其平衡能力，培养其勇敢、坚强的意志品质。

(二) 教学内容

练习平衡木上行走。

(1) 动作要领

以直立的姿势自然行走，且尝试各种走路姿势，如脚尖对脚跟走（图 3-20）、蹲走、横向走（图 3-21）、快速侧滑步走、四肢爬行（图 3-22）、持球走（图 3-23）等。

图 3-20　脚尖对脚跟走

图 3-21　横向走

图 3-22　四肢爬行

图 3-23　持球走

（2）练习方法与要求

幼儿可在老师辅助和保护下进行，有些难度小的动作可鼓励幼儿独立完成，但不可强迫，防止幼儿出现惧怕的心理。熟练后可增加动作难度，如平衡木上爬行、平衡木上翻滚、平衡木上跨越障碍、平衡木上跳跃等，老师可设定一定的游戏场景进行练习，平衡木可根据幼儿的身高等进行调节，保证器械的适用性。

（三）教学过程

1. 教学前期

以熟悉平衡木、了解平衡木的使用为主，让幼儿尝试在平衡木上自由活动，并提高幼儿的安全认知，以培养幼儿的自信和兴趣为主，避免幼儿出现对器械的抵触情绪，老师可在平衡木上做出优美的示范，让幼儿视觉模仿，产生兴趣和尝试的意愿，在老师的指导下进行简单的平衡木动作练习。

2. 教学中期

根据幼儿的学习能力和身体状况，适当提高动作的难度，利用幼儿喜欢竞争和挑战的特点，进行多人组合练习，可让表现突出的幼儿进行展示，对于能力稍弱的幼儿可适当降低动作要求，有一定的成功体验，才有勇气挑战稍难的动作，老师全程注意安全和保护。

3. 教学后期

各种基本动作熟练后，鼓励幼儿在平衡木上灵活变化动作，老师可通过循环训练的方式，鼓励幼儿集体练习，增加练习的密度和活动量，让幼儿在安全、有序的环境中进行练习。

（四）教学目标

小班：学会平衡木上行走。

中班：学会平衡木上的变式走和跳。

大班：学会平衡木上转身跳跃、翻滚等。

（五）教学建议

（1）器械体操与徒手体操相比，有一定的难度，考验幼儿对器械的操作能力和胆量勇气，刚开始教学时，老师可有意识进行排队，让运动能力稍好和胆大的幼儿排在前面，给幼儿们建立信心。

（2）平衡木相对其他器械练习比较简单，在行走时，老师可提醒幼儿目视前方，不要习惯性看脚，学会控制身体的重心。老师可进行情景教学，防止练习枯燥，适度提高运动密度和减少等待时间，有些动作可同时多人连续进行。

二、单杠

（一）概念与释义

单杠一般杠长 2.4 米，直径 2.8 厘米，高度可调节，横杠两端分别固定在支柱上。幼儿利用单杠做出身体的悬垂、摆动、回环等动作。单杠可以培养幼儿勇敢顽强的意志，可改善幼儿在不同空间判断方位的能力，可提高幼儿身体的柔韧性和协调性。

（二）教学内容

练习单杠悬垂和翻转。

（1）动作要领

双手悬垂（图 3-24）：双手正手握杠，下肢自然下垂，不憋气，5 秒左右。

悬垂摆动（图 3-25）：在悬垂姿势下，收腹举腿尽量往前送，复位迅速，双手紧握单杠。

四肢悬挂（图 3-26）：双手抓住单杠，双脚勾住单杠，身体悬吊。

支撑摆腿（图 3-27）：手握杠跳起，伸直手臂支撑身体，双脚前后摆腿或左右移动。

前翻（图 3-28）：双手握单杠支撑全身，向前弯曲身体，前翻落地。

杠下回环（图 3-29）：双手握单杠悬挂，两脚从杠下双手中间位置穿过后翻落地。

图 3-24　双手悬垂

图 3-25　悬垂摆动

图 3-26　四肢悬挂

图 3-27　支撑摆腿

图 3-28　前翻

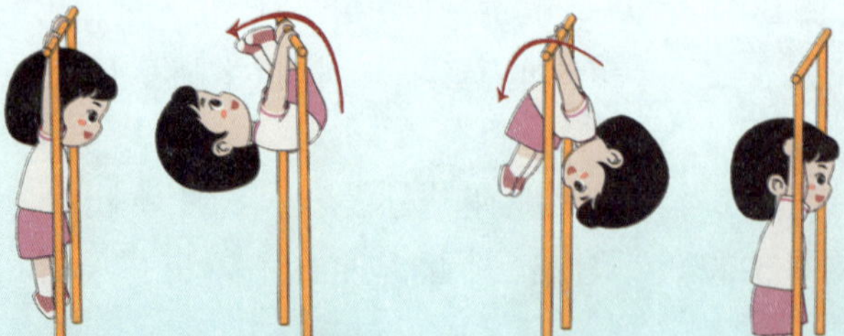

图 3-29　杠下回环

(2) 练习方法与要求

单杠大部分动作是上肢的动作，需要克服体重，体重较大的幼儿，老师可辅助支撑。悬垂练习时，不要憋气，时间不宜过长，5 秒为宜。摆动练习时，老师可帮助幼儿摆动，抓住幼儿一侧的手腕防止其掉杠，让幼儿感受用脚踢动时身体重心的变化。支撑练习时，杠上平衡突破是关键，老师可给予充分保护，帮助幼儿消除害怕情绪。

（三）教学过程

1. 教学前期

以熟悉单杠、了解单杠的使用为主，熟悉正手握杠和反手握杠，让幼儿尝试在单杠上自由活动，并提高幼儿的安全认知，以培养幼儿的自信和兴趣为主，避免幼儿出现对单杠的抵触情绪，老师可在单杠上做出优美的示范，促使幼儿产生兴趣和尝试的意愿，在老师的指导下进行简单动作的练习。

2. 教学中期

根据幼儿的学习能力和身体状况，适当提高动作的难度，但对于体重过大和上肢力量薄弱的幼儿，老师可帮助其完成，并适当降低动作要求，对动作进行重复性练习，老师及时纠正动作。

3. 教学后期

各种基本动作熟练后，鼓励幼儿在单杠上灵活变化动作，进一步帮助幼儿完善动作，让动作更加优美，具有一定的展示性，进一步提高幼儿的自信心。

（四）教学目标

小班：学会单杠悬挂等简单的动作。

中班：学会单杠支撑、翻转等稍有一定难度的动作。

大班：学会单杠回环等较有难度的动作，要求动作变化多。

（五）教学建议

(1) 刚开始进行单杠练习时，幼儿很容易不小心脱手，老师可抓住幼儿一侧的手腕以防掉杠。老师可站在幼儿身侧进行保护，以消除幼儿的恐惧心理。

(2) 活动中，提醒幼儿下颚不要碰到单杠，杠下放置较厚的垫子，有落地动作的，要注意缓冲。

三、跳箱

（一）概念与释义

跳箱一般由多个长方形木箱垒叠而成，长约155厘米、宽40厘米，高低可调节，箱面用皮革或帆布制成。幼儿可利用跳箱做出跳跃、滚翻等动作。练习跳箱可锻炼幼儿上肢的支撑力量和下肢的跳跃能力，提高其胆量。

（二）教学内容

练习跳箱跳跃和翻滚。

（1）动作要领

跳上练习：双脚跳上（图3-30）、单脚跳上（图3-31）、助跑单脚或双脚跳上（图3-32和图3-33）、侧面跳上（图3-34）、撑手开脚跳上（图3-35）。

跳下练习：正面跳下（图3-36）、背向跳下（图3-37）、跪膝跳下（图3-38）。

跳跃练习：原地分腿跳跃（图3-39）、助跑分腿跳跃（图3-40）、助跑前滚翻跳跃（图3-41）、撑手侧面跳跃（图3-42）。

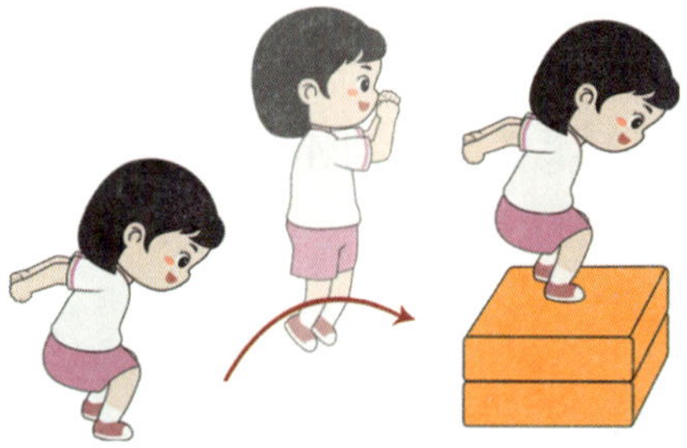

图3-30　双脚跳上

图3-31　单脚跳上

图3-32　助跑单脚跳上

图 3-33　助跑双脚跳上

图 3-34　侧面跳上

图 3-35　撑手开脚跳上

图 3-36　正面跳下

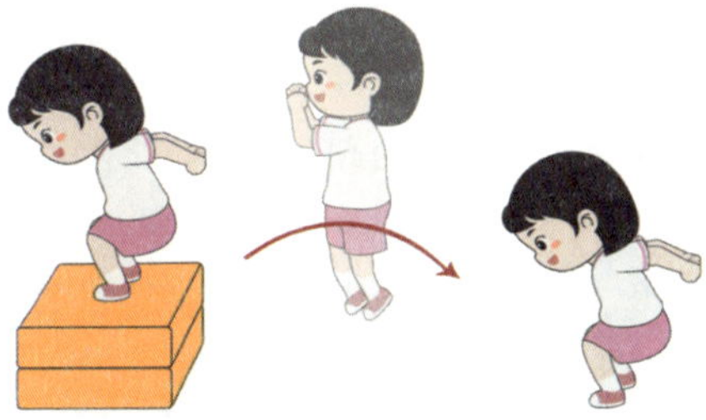

图 3-37　背向跳下

图 3-38　跪膝跳下

图 3-39　原地分腿跳跃

图 3-40　助跑分腿跳跃

图 3-41 助跑前滚翻跳跃

图 3-42 撑手侧面跳跃

（2）练习方法与要求

跳箱摆放的层数不同，高度就不同，刚开始练习时，以 1~2 层为宜，让幼儿感受跳上和跳下的感觉，注意落地的安全和落地的稳定，老师可站在落地位置附近进行保护。当跳箱层数逐渐增加时，老师要注意防止幼儿向后摔倒，可站在落地的后面进行保护，鼓励幼儿尽量往高处跳，可增加滞空的时间，充分感受腾空的感觉。练习支撑跳跃时，幼儿要学会上肢的发力和控制，根据动作的难度，随时调整跳箱的高度，老师可示范有难度的动作，并进行情景植入，增加练习的趣味性。

（三）教学过程

1. 教学前期

以熟悉跳箱、了解跳箱的使用为主，高度不宜过高，让幼儿尝试在跳箱上自由活动，感受跳跃和支撑跳跃的不同，并提高安全的认知，以培养幼儿的自信和兴趣为主，避免幼儿出现对跳箱的抵触情绪。

2. 教学中期

根据幼儿的学习能力和身体状况，适当提高动作的难度，逐渐增加跳箱的高度，利用幼儿喜欢竞争和挑战的特点，进行多人练习，可让表现突出的幼儿进行展示，对于能力稍弱的幼儿可适当降低动作要求，老师全程注意安全和保护。

3. 教学后期

各种基本动作熟练后，鼓励幼儿在跳箱上灵活变化动作，通过循环训练的方式，进行集体练习，增加练习的密度和活动量，让幼儿在安全、有序的环境中进行练习。

（四）教学目标

小班：学会跳上、跳下和跨越动作。

中班：学会助跑跳上、侧面跳上和跳下、支撑跳动作，逐渐增加跳箱的高度。

大班：学会助跑滚翻、分腿跳跃等较有难度的动作，要求动作变化多。

（五）教学建议

（1）进行跳箱练习时，落地时要注意安全，老师可站在落地位置附近进行保护，落地时强调缓冲和站稳，跳箱过高时，容易翻倒，老师应注意。

（2）跳箱的高度可根据幼儿掌握动作的熟练程度和动作本身的难易程度进行调整。在练习时，老师以鼓励为主。

第四章

幼儿足球

幼儿足球是幼儿园体育活动的重要组成部分，它通过进行系统的游戏活动促进幼儿生长发育，培养幼儿对足球运动和体育活动的兴趣，为幼儿神经系统成熟、身体机能健全、心理健康等方面奠定坚实的基础。幼儿足球的内容设计结合幼儿身心发展规律、幼儿体育游戏特点、足球活动特点，贯彻趣味性原则、科学合理性原则、循序渐进原则等，具体体现在以下三个方面：首先，幼儿足球以游戏的形式开展，让幼儿通过足球游戏发展身体、认识足球；其次，课程中与足球有关的技术学习比例较低，稍微有一点难度的技术作为了选学部分，弱化足球技术的教学；再次，强调以培养足球兴趣为主，即通过教学让幼儿喜欢上足球，喜欢上运动。此外，我们希望在教学中，老师能够通过本课程继续拓展教学范围，如认识球队、了解球星的励志故事、现场或利用 VR 设备等观看比赛、手工制作队徽等，结合其他领域全面认识足球、全面发展幼儿。

第一节 熟悉足球

一、踩球

（一）概念与释义

踩球是幼儿用脚底连续或交替踩踏足球的动作。

（二）教学内容

1. 坐姿踩球（图 4-1）

（1）动作要领

坐在小凳子上，足球放于体前地面，一只脚着地，一只脚踩踏足球。

（2）练习方法与要求

① 每只脚连续踩球 10～12 次。

② 用前脚掌、脚心、脚后跟不同部位连续踩球。

图 4-1 坐姿踩球

2. 站姿踩球（图 4-2）

（1）动作要领

一只脚作为支撑脚站在足球后方，踩球脚膝关节弯曲，脚掌踩踏足球。

（2）练习方法与要求

① 每只脚连续踩球 10～12 次。

② 用前脚掌、脚心、脚后跟不同部位连续踩球。

图 4-2 站姿踩球

3. 双脚交替踩球（图 4-3）

（1）动作要领

一只脚作为支撑脚站在足球后方，踩球脚膝关节弯曲，脚掌轻踩足球，踩球脚离开足球后迅速落地并带动支撑脚踩球。

图 4-3　双脚交替踩球

（2）练习方法与要求

① 小班阶段对双脚交替踩球不做要求，中班幼儿每次练习时可以交替踩球 10 次以上。

② 熟练后，可以适当增加踩球次数和速度。

（三）教学过程

开始阶段，幼儿先坐在小椅子上或地面上练习用脚踩球，然后过渡到站姿单脚踩球、双脚连续踩球练习。双脚连续踩球的难度稍大，老师可以多做示范动作，强调支撑脚的位置，鼓励幼儿努力完成。

（四）教学目标

培养幼儿脚对足球的感觉，感受脚底踩球，发展幼儿的脚部力量。

（五）教学建议

（1）如有条件，可以使用 VR 技术，模仿球星一起练习。

（2）可以和其他游戏活动结合，或者适当增加奔跑等练习内容。

（3）双脚连续踩球难度较大，以鼓励为主，不必强求所有幼儿都完成动作。

（4）可以通过观察幼儿踩球动作的连贯性、协调性等评价幼儿的踩球动作。

二、推球

（一）概念与释义

推球是幼儿用脚掌或脚弓将静止的球推走的动作。

（二）教学内容

1. 脚掌原地推球（图 4-4）

（1）动作要领

支撑脚站在球的后方，推球脚前脚掌踩球，通过大腿下压和小腿前伸，前脚掌顺势前伸并用力将球推走。

图 4-4　脚掌原地推球

（2）练习方法与要求

① 两只脚交替推球 10～12 次。

② 推到一定远度、推到具体目标。

2. 脚弓推球（图 4-5）

（1）动作要领

支撑脚站在球的一侧，推球脚小腿旋外，先后摆再积极前摆，脚踝绷紧，用脚弓击球的后中部。

图 4-5　脚弓推球

（2）练习方法与要求

① 小班阶段可以对脚弓推球不做要求，中班阶段要求幼儿有脚后跟向前跟进意识，练习时可以用两只脚交替推球 10 次以上。

② 可以尝试推到一定远度、推到具体目标。

（三）教学过程

开始阶段，幼儿先模仿难度较小的脚底推球，将球捡回原点继续脚底推球，然后过渡到脚弓推球练习，等幼儿基本了解推球动作后可以尝试连续推球。老师示范脚底推球时，先用前脚掌踩住足球，然后大腿、小腿、脚踝依次用力，脚尖向前上方伸展，将球推滚出；老师示范脚弓推球时，强调脚后跟向前跟进，触球部位为脚弓。

（四）教学目标

培养幼儿脚对足球的感觉，感受脚底推球，发展幼儿的脚部力量和踝关节灵活性。

（五）教学建议

（1）可以设置推远度、推到固定目标物等环节，并在目标区域设置感应设备，幼儿踢中目标后有鼓励的声音或音乐。

（2）可以增加幼儿推球后捡球环节，以增加运动量。

（3）可以通过推球动作的连贯性，以及球滚动的距离和路线判断幼儿推球动作质量。

三、滚球

（一）概念与释义

滚球是幼儿利用单手或双手使足球在地面上滚动的动作。

（二）教学内容

1. 单手滚球（图 4-6）

（1）动作要领

单手持球于体侧，利用上臂、前臂摆动，以及手腕、手指发力使球在地面上滚动。

图 4-6　单手滚球

（2）练习方法与要求

①两手交替滚球，每只手滚 6~8 次。

②滚到一定远度、滚到具体目标物。

2. 双手滚球（图 4-7）

（1）动作要领

双手持球于体前，利用脚蹬地、上臂和前臂摆动，以及手腕、手指发力使球在地面上滚动。

图 4-7　双手滚球

（2）练习方法与要求

① 滚 6~8 次。

② 滚到一定远度、滚到具体目标物。

3. 坐姿滚球（图 4-8）

（1）动作要领

采用坐姿，利用手臂前伸、手指和手掌推球的中上部，使球在地面上滚动。

图 4-8 坐姿滚球

（2）练习方法与要求

① 滚 6~8 次。

② 滚到一定远度、滚到具体目标物。

4. 蹲姿滚球（图 4-9）

（1）动作要领

采用蹲姿，利用上臂、前臂摆动，以及手腕、手指发力使球在地面上滚动。

图 4-9 蹲姿滚球

（2）练习方法与要求

① 滚 6~8 次。

② 滚到一定远度、滚到具体目标物。

（三）教学过程

开始阶段，可以让幼儿自行探索不同的滚球方法，然后老师逐渐引导，根据场地、时间等因素选择以上一项或多项滚球内容进行练习。

（四）教学目标

培养幼儿认识足球滚动的特性，发展幼儿的上肢力量。

（五）教学建议

（1）可以在课刚开始时，让幼儿自行探索各种玩球方法，然后过渡到滚球的主题上来。

（2）在进行游戏活动时，可以让幼儿各自滚球，然后捡回足球，继续滚球，以增加运动量；也可以让两名幼儿相互滚球，提高幼儿的交际沟通能力。

（3）可以通过足球滚动的路线、距离等判断幼儿滚球动作质量。

四、截球

（一）概念与释义

截球是指幼儿用手或脚截住滚过来的球的动作。通过截球练习，可以发展幼儿的协调、反应能力，同时让幼儿熟悉足球滚动的特性。

（二）教学内容

1. 坐姿用手截球（图 4-10）

（1）动作要领

坐姿（或跪姿），两臂打开保持平衡，及时判断来球方向，待球滚至身前时，侧身并用手将球截住。

图 4-10　坐姿用手截球

（2）练习方法与要求

① 截球 8～10 次。

② 争取将球抱住。

2. 站姿用脚截球（图 4-11）

（1）动作要领

两脚自然开立略宽于肩，两膝微屈，两臂打开保持平衡，及时判断来球方向，并快速移动到足球滚动路线上，待球滚至身前时用脚将球截住或踢走。

图 4-11　站姿用脚截球

（2）练习方法与要求

① 小班阶段对站姿截球可以不做要求，中班幼儿每次练习时可以截球 10 次左右。

② 截球时尝试将球踢远。

（三）教学过程

开始阶段，可以先练习坐姿用手截球，等熟练后再练习站姿用脚截球。练习坐姿用手截球时，可以让一名幼儿坐在球门前，同伴坐在对面用手推球进门，当球滚过来时双手将球截住；练习站姿用脚截球时，可以让幼儿站在球门前，争取用脚截住同伴踢过来的球。

（四）教学目标

培养幼儿玩足球的兴趣，发展幼儿的协调、反应能力，让幼儿熟悉足球滚动的特性。

（五）教学建议

（1）两名幼儿的距离可以适当调整，以增加趣味性和游戏难度。

（2）为了增加运动量，在站姿用脚截球时可以让幼儿助跑踢球。

（3）及时交换守门员，让更多的幼儿练习截球。

（4）判断幼儿截球动作时，主要观察幼儿是否有截球的意识和动作，不一定要把球截住。

五、挡球

（一）概念与释义

挡球是幼儿判断足球滚过来的方向，及时调整自己的位置，用脚将球挡住的动作。

（二）教学内容

1. 脚弓挡球（图 4-12）

（1）动作要领

挡球时，提前判断球滚动的路线，待球滚至脚下时，抬起挡球脚，用脚弓轻轻将球挡住，挡球时也可做后撤或下切动作。

图 4-12　脚弓挡球

（2）练习方法与要求

两只脚交替挡球 10~12 次。

2. 脚外侧挡球（图 4-13）

（1）动作要领

挡球时，提前判断球滚动的路线，待球滚至脚下时，抬起挡球脚，用脚外侧轻轻将球挡住。

（2）练习方法与要求

两只脚交替挡球 10~12 次。

图 4-13　脚外侧挡球

3. 脚掌挡球（图 4-14）

（1）动作要领

挡球时，提前判断球滚动的路线，待球滚至脚下时，抬起挡球脚，用脚掌将球挡住或踩住。

（2）练习方法与要求

两只脚交替挡球 10~12 次。

图 4-14　脚掌挡球

（三）教学过程

开始阶段，老师示范动作并进行简单讲解，强调挡球时调整自己的位置并及时伸脚，同时介绍三种不同的挡球部位（脚弓、脚外侧、脚掌）。练习时，幼儿可以从难度较小的挡较慢的滚球开始，然后过渡到挡滚动稍快的球和反弹较低的球。在游戏过程中，不必过分要求挡球质量，只要幼儿有挡球、伸脚意识即可。

（四）教学目标

培养幼儿脚对足球的感觉，发展幼儿的眼脚配合能力，提高幼儿脚控制球的能力。

（五）教学建议

（1）可以使用体感系统或 VR 技术，在虚拟环境中学习动作。

（2）注意左右脚交替进行。

（3）必要时老师可以介入游戏，将球滚至幼儿身边不同位置。

（4）对于小班幼儿，有移动、伸脚挡球意识即可；对于中、大班幼儿，可以对挡球部位提出要求。

（5）判断幼儿挡球动作时，主要观察幼儿是否有挡球的意识和动作。

六、挑球

（一）概念与释义

挑球是幼儿将脚尖插到足球底部后，用脚背正面将球挑起的动作。

(二) 教学内容

1. 原地挑球（图 4-15）

(1) 动作要领

一只脚作为支撑脚，挑球脚将脚尖插到足球后底部，然后脚踝收紧，用脚背正面前部将球挑起。

图 4-15　原地挑球

(2) 练习方法与要求

① 两只脚交替挑球 10~12 次。

② 小班幼儿更多是尝试挑球，中、大班幼儿可以要求挑到一定高度或远度。

2. 挑慢速滚来的球（图 4-16）

(1) 动作要领

判断球的移动路线，站在球滚动路线上，待球滚至脚下时，一只脚作为支撑脚，挑球脚迅速将脚尖插到足球后底部，然后脚踝收紧、小腿上提、脚背发力将球挑起。

图 4-16　挑慢速滚来的球

(2) 练习方法与要求

① 两只脚交替挑球 10~12 次。

② 挑到一定高度或远度。

(三) 教学过程

老师先示范动作并进行简单讲解，示范时支撑脚站在球后稍靠一侧，强调尽量将挑球脚放在足球的底部，注意挑球时脚背绷紧用力将球挑出。幼儿开始练习时可以先站好，将球放在脚尖位置，用力将球挑出；然后慢慢过渡到先将球放在地上，自己用脚挑球；最后尝试挑慢慢移动的球。

(四) 教学目标

培养幼儿玩足球的兴趣，发展幼儿脚趾和脚踝力量。

（五）教学建议

（1）提供体感或 VR 等虚拟设备，让幼儿感受成功挑球的乐趣。

（2）游戏场地稍大一些，有足够的空间。

（3）左右脚交替进行。

（4）评价幼儿挑球动作时，主要观察幼儿脚部是否有上挑动作。

七、搓球

（一）概念与释义

搓球是指幼儿将脚放在足球上，在脚底不离开足球的情况下使足球朝不同方向不断移动的动作。

（二）教学内容

1. 坐姿搓球（图 4-17）

（1）动作要领

坐在地面或小凳子上，一只脚踩在足球上，脚踝稍微收紧，利用小腿带动、脚底摩擦，脚在不离开足球的情况下使足球朝不同方向不断移动。

图 4-17　坐姿搓球

（2）练习方法与要求

① 每只脚练习 20 秒左右，两只脚交替练习。

② 中、大班幼儿可以适当增加搓球幅度和速度。

2. 站姿搓球（图 4-18）

（1）动作要领

一只脚站在地面上作为支撑脚，另一只脚踩在足球上，脚踝稍微收紧，利用小腿带动、脚底摩擦，脚在不离开足球的情况下使足球朝不同方向不断移动。

图 4-18　站姿搓球

（2）练习方法与要求

① 每只脚练习 20 秒左右，两只脚交替练习。

② 中、大班幼儿可以适当增加搓球幅度和速度。

3. 前后搓球（图 4-19）

（1）动作要领

一只脚踩在足球上，脚踝稍微收紧，利用小

图 4-19　前后搓球

腿带动、脚底摩擦，脚在不离开足球的情况下使足球朝前后方向来回移动。

（2）练习方法与要求

① 每只脚练习 20 秒左右，两只脚交替练习。

② 中、大班幼儿可以适当增加搓球幅度和速度。

4. 左右搓球（图 4-20）

（1）动作要领

一只脚踩在足球上，脚踝稍微收紧，利用小腿带动、脚底摩擦，脚在不离开足球的情况下使足球朝左右方向不断移动。

（2）练习方法与要求

① 每只脚练习 20 秒左右，两只脚交替练习。

② 中、大班幼儿可以适当增加搓球幅度和速度。

图 4-20　左右搓球

5. 顺时针搓球（图 4-21）

（1）动作要领

一只脚踩在足球上，脚踝稍微收紧，利用小腿带动、脚底摩擦，脚在不离开足球的情况下使足球按顺时针方向不断移动。

（2）练习方法与要求

① 每只脚练习 20 秒左右，两只脚交替练习。

② 中、大班幼儿可以适当增加搓球幅度和速度。

图 4-21　顺时针搓球

6. 逆时针搓球（图 4-22）

（1）动作要领

一只脚踩在足球上，脚踝稍微收紧，利用小腿带动、脚底摩擦，脚在不离开足球的情况下使足球按逆时针方向不断移动。

（2）练习方法与要求

① 每只脚练习 20 秒左右，两只脚交替练习。

② 中、大班幼儿可以适当增加搓球幅度和速度。

图 4-22　逆时针搓球

（三）教学过程

老师示范搓球动作时可以两臂伸展以保持平衡，强调控制好脚的力度和移动范围，尽量在不跑球的情况下增加足球移动幅度。练习时每名幼儿一个足球，可以先从坐姿（坐在小凳子上）开始练习，然后过渡到站姿搓球练习，在老师的带领下进行前后、左右、顺时针、逆时针方向搓球练习。

（四）教学目标

培养幼儿玩足球的兴趣，感受用脚底移动球，提高幼儿踝关节的灵活性。

（五）教学建议

（1）搓球的运动量不大，可以放在热身或者熟悉球性阶段进行。

（2）左右脚交替练习。

（3）可以通过观察脚搓球的幅度与连贯性来评价幼儿的搓球动作。

八、拖球

（一）概念与释义

拖球是指幼儿用前脚掌触压球，向某个方向不断拖动足球的动作。

（二）教学内容

1. 向后拖球（图 4-23）

（1）动作要领

以右脚向后拖球为例，两臂微微打开以保持身体平衡，左脚为支撑脚站在足球后方靠左侧，右腿膝关节弯曲，右脚脚掌踩在足球正上方，然后小腿向后摆动，脚掌摩擦并拖动足球，使球向后滚动。右脚拖球结束后，顺势成为支撑脚，开始左脚向后拖球。

图 4-23　向后拖球

（2）练习方法与要求

① 每次拖球 10~12 米，每节课可完成多次拖球。

② 中、大班幼儿适当增加拖球速度。

2. 向左拖球（图 4-24）

（1）动作要领

以右脚向左拖球为例，两臂微打开以保持身体平衡，左脚为支撑脚站在足球后方靠左侧，右腿膝关节弯曲，右脚脚掌踩在足球正上方，然后右腿小腿向左摆动，脚掌摩擦并拖动足球，使球向左滚动。

图 4-24　向左拖球

（2）练习方法与要求

① 每次拖球 10~12 米，每节课可完成多次拖球。

② 中、大班幼儿可以适当增加拖球速度。

3. 向右拖球（图 4-25）

（1）动作要领

以左脚向左拖球为例，两臂微微打开以保持身体平衡，右脚为支撑脚站在足球后方靠右侧，左腿膝关节弯曲，右脚脚掌踩在足球正上方，然后左脚小腿向右摆动，脚掌摩擦并拖动足球，使球向右滚动。

图 4-25　向右拖球

（2）练习方法与要求

① 每次拖球 10~12 米，每节课可完成多次拖球。

② 中、大班幼儿可以适当增加拖球速度。

4. 曲线拖球（图 4-26）

（1）动作要领

左右脚依次拖球，移动路线为曲线或绕过障碍物。

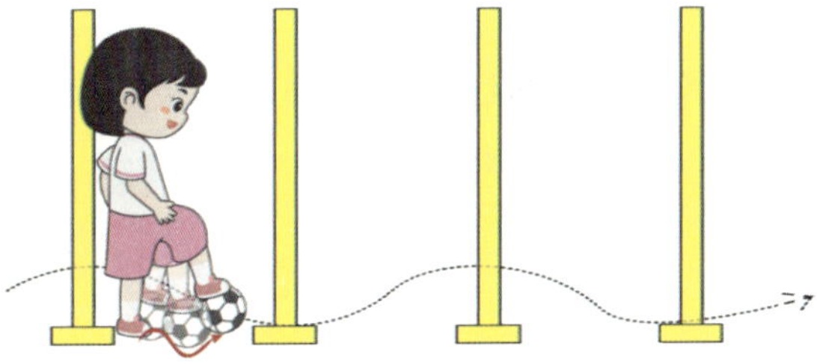

图 4-26　曲线拖球

（2）练习方法与要求

每次拖球 15 米左右，每节课可完成多次拖球。

（三）教学过程

开始阶段，幼儿先进行原地拖球练习，然后进行难度较低的向后拖球、直线拖球练习，最后可以进行向左、向右拖球和曲线拖球练习。老师示范拖球动作时注意强调力量不要太大，让球尽量在自己的控制范围。

（四）教学目标

培养幼儿脚对足球的感觉，发展幼儿的平衡能力，提高幼儿踝关节的灵活性。

（五）教学建议

（1）游戏的开始阶段，可以让幼儿随意向不同方向拖球，游戏阶段可以让幼儿沿足球场的边线或者绕过障碍物进行拖球。

（2）拖球游戏运动强度不大，可以尝试与奔跑相结合，如跑到场地对面将球拖回等。

（3）可以通过拖球的速度、脚对球的控制等评价幼儿的拖球动作。

九、绕球

（一）概念与释义

绕球是指幼儿的脚在足球上方按不同方向不断环绕的技术动作。

（二）教学内容

1. 右脚顺时针绕球（图 4-27）

（1）动作要领

左脚作为支撑脚站在球的后方靠左侧，右腿膝关节提起，小腿摆动，带动右脚依次经过站立点、足球左侧、足球前方、足球右侧、站立点。

（2）练习方法与要求

① 每次绕球 3~5 圈，待熟练后进行两脚交替绕球。

② 中、大班幼儿可以适当增加绕球速度。

图 4-27　右脚顺时针绕球

2. 右脚逆时针绕球（图 4-28）

（1）动作要领

左脚作为支撑脚站在球的后方靠左侧，右腿膝关节提起，小腿摆动，带动右脚依次经过站立点、足球右侧、足球前方、足球左侧、站立点。

（2）练习方法与要求

① 每次绕球 3~5 圈，待熟练后两脚交替绕球。

② 中、大班幼儿可以适当增加绕球速度。

图 4-28　右脚逆时针绕球

3. 左脚顺时针绕球（图 4-29）

（1）动作要领

右脚作为支撑脚站在球的后方靠右侧，左腿膝关节提起，小腿摆动，带动左脚依次经过站立点、足球左侧、足球前方、足球右侧、站立点。

（2）练习方法与要求

① 每次绕球 3~5 圈，待熟练后两脚交替绕球。

② 中、大班幼儿可以适当增加绕球速度。

图 4-29　左脚顺时针绕球

图 4-30 左脚逆时针绕球

4. 左脚逆时针绕球（图 4-30）

（1）动作要领

右脚作为支撑脚站在球的后方靠右侧，左腿膝关节提起，小腿摆动，带动左脚依次经过站立点、足球右侧、足球前方、足球左侧、站立点。

（2）练习方法与要求

① 每次绕球 3~5 圈，待熟练后两脚交替绕球。

② 中、大班幼儿可以适当增加绕球速度。

5. 两脚交替绕球（图 4-31）

1　　2

图 4-31 两脚交替绕球

（1）动作要领

以右脚先开始为例，左脚作为支撑脚，进行一次右脚顺时针绕球，右脚绕球结束后成为支撑脚，然后左脚进行一次逆时针绕球；或者先进行一次右脚逆时针绕球，再进行一次左脚顺时针绕球。

（2）练习方法与要求

① 两脚交替绕球 6~8 圈。

② 小班幼儿对两脚交替绕球不做要求，中、大班幼儿可以适当增加绕球速度。

（三）教学过程

练习时每名幼儿一个足球，幼儿先进行一只脚多次绕球练习，等两只脚都较为熟练后进行两只脚交替绕球练习。老师示范绕球动作时注意强调脚踝稍微绷紧，绕球速度可以逐渐加快。

（四）教学目标

提高幼儿身体的协调能力和下肢的灵活性。

（五）教学建议

（1）可以通过视频或 VR 等技术，观看绕球动作。

（2）绕球练习运动量较小，可以尝试与其他游戏相结合，增加运动量。

（3）可以通过观察幼儿绕球时脚的速度、幅度，以及完成动作时身体是否协调等评价绕球动作。

十、拨球

（一）概念与释义

拨球是指幼儿利用脚内侧或外侧触拨球的技术动作。

（二）教学内容

1. 坐姿脚内侧连续拨球（图 4-32）

（1）动作要领

坐在小凳子上，将球放在两脚之间，拨球时脚踝稍微收紧，脚尖稍翘，用脚弓接触足球的两侧中部，连续拨球。

（2）练习方法与要求

① 每组连续拨球 8~10 次。

② 适当增加拨球速度和两脚之间的拨球距离。

图 4-32　坐姿脚内侧连续拨球

2. 站姿脚内侧连续拨球（图 4-33）

（1）动作要领

两脚自然开立，左右距离稍大，将球放于两脚之间，拨球时脚踝稍微收紧，用脚弓接触足球的两侧中部，连续拨球。

（2）练习方法与要求

① 小班阶段对站姿拨球不做要求，中、大班幼儿练习时，可以每组连续拨球 8~10 次。

② 适当增加拨球速度和两脚之间的拨球距离。

图 4-33　站姿脚内侧连续拨球

3. 脚外侧拨球（图 4-34）

（1）动作要领

右脚脚外侧拨球时，左脚作为支撑脚站在球后方靠左处，右腿小腿左摆至足球左侧，脚踝稍收紧，脚尖上翘，以脚背外侧拨球的左中部，使球向右前方移动。左脚脚外侧拨球时，右脚作为支撑脚站在球后方靠右处，左腿小腿右摆至足球右侧，脚踝稍收紧，脚尖上翘，以脚背外侧拨球的右中部，使球向左前方移动。

图 4-34　脚外侧拨球

（2）练习方法与要求

① 小班阶段对脚外侧拨球不做要求，中、大班幼儿可以每组连续拨球 8~10 次。

② 适当增加拨球速度。

（三）教学过程

开始阶段幼儿可以先进行较为简单的坐姿脚内侧拨球练习，稍微熟悉以后逐渐增加难度，进行站姿脚内侧连续拨球练习，最后再进行脚外侧拨球练习。

（四）教学目标

培养幼儿脚对足球的感觉，让幼儿体验用脚弓或脚外侧拨球，提高幼儿身体的协调性。

（五）教学建议

（1）可以尝试让幼儿坐在草坪上进行脚内侧连续拨球。

（2）拨球练习运动量较小，可以结合上肢运动或奔跑类游戏一起进行。

（3）可以通过球移动的速度、在两脚之间的偏离范围判断幼儿拨球动作的质量。

十一、夹球跳

（一）概念与释义

夹球跳是指幼儿双脚夹住球后做各种跳跃练习的技术动作。

（二）教学内容

1. 原地夹球跳（图 4-35）

（1）动作要领

两脚自然开立，足球放在两脚中间，然后脚踝收紧，用脚弓部分（或小腿）夹住球，在原地连续做跳跃动作。

图 4-35　原地夹球跳

（2）练习方法与要求

① 每次夹球跳 6~8 次。

② 争取跳跃过程中不掉球。

2. 行进间夹球跳（图 4-36）

（1）动作要领

两脚自然开立，足球放在两脚中间，然后脚踝收紧，用脚弓部分（或小腿）夹住球，连续向前（或向后、向左、向右）做跳跃动作。

图 4-36　行进间夹球跳

（2）练习方法与要求

① 每次夹球跳 8~10 米。

② 适当加快跳跃速度。

3. 夹球跳起抛球（图 4-37）

（1）动作要领

两脚自然开立，足球放在两脚中间，脚踝收紧，用脚弓部分（或小腿）夹住球做跳起动作，在空中两脚同时用力将球抛出。

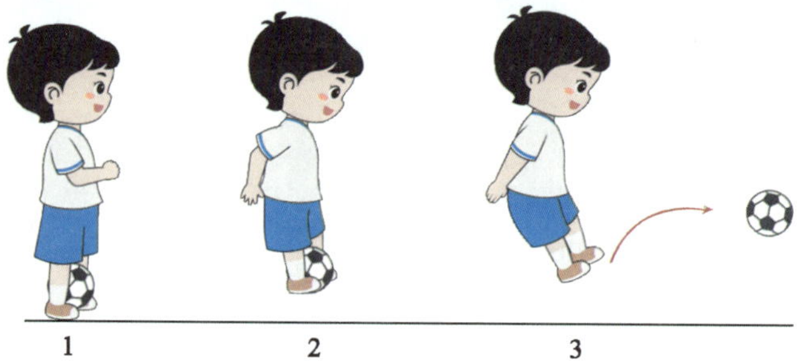

图 4-37 夹球跳起抛球

（2）练习方法与要求

① 每组夹球跳起抛球 8~10 次。

② 抛到一定远度，或抛到固定目标。

4. 夹球跳起转身（图 4-38）

（1）动作要领

两脚自然起立，足球放在两脚中间，然后脚踝收紧，用脚弓部分（或小腿）夹住球，跳起后在空中向不同方向做转身动作。

图 4-38 夹球跳起转身

（2）练习方法与要求

① 每组夹球跳起转身 8~10 次。

② 适当加快转身速度。

（三）教学过程

开始阶段幼儿可以先进行原地夹球跳练习，然后在老师的带领下做转身夹球跳、按照既定路线夹球跳、夹球跳起后用脚将球抛进球门等练习。

（四）教学目标

培养幼儿脚对足球的感觉，让幼儿用脚感受足球的大小、质量，提高幼儿下肢的力量和踝关节的灵活性。

（五）教学建议

（1）夹球跳的练习强度稍大，不宜连续做距离较长、时间较久的夹球跳练习。

（2）可以尝试不同部位如脚弓、小腿、大腿内侧等的夹球跳练习。

（3）可以通过观察跳起高度、动作连贯性、是否掉球等判断幼儿夹球跳动作的完成情况。

（4）中、大班幼儿可以尝试用更小的皮球进行夹球跳练习。

十二、绕拨球

（一）概念与释义

绕拨球是指幼儿的脚在足球上方按不同方向不断环绕后再用同一只脚拨球的技术动作。

（二）教学内容

1. 右脚顺时针绕拨球（图 4-39）

（1）动作要领

左脚作为支撑脚，右脚顺时针绕球，依次经过球的后方、左侧、前方、右侧，然后用脚弓拨球的右中部，使球向左移动。

图 4-39　右脚顺时针绕拨球

（2）练习方法与要求

① 每次绕拨球 6~8 次，待熟练后进行两脚交替绕拨球。

② 大班幼儿可以适当增加绕拨球速度。

2. 右脚逆时针绕拨球（图 4-40）

（1）动作要领

左脚作为支撑脚，右脚绕球，逆时针依次经过球的后方、右侧、前方、左侧，然后用脚背外侧拨球的左中部，使球向右移动。

图 4-40　右脚逆时针绕拨球

(2) 练习方法与要求

① 每次绕拨球 6~8 次，待熟练后进行两脚交替绕拨球。

② 大班幼儿可以适当增加绕拨球速度。

3. 左脚顺时针绕拨球（图 4-41）

(1) 动作要领

右脚作为支撑脚，左脚顺时针绕球，依次经过球的后方、左侧、前方、右侧，然后用脚背外侧拨球的右中部，使球向左移动。

(2) 练习方法与要求

① 每次绕拨球 6~8 次，待熟练后进行两脚交替绕拨球。

② 大班幼儿可以适当增加绕拨球速度。

图 4-41　左脚顺时针绕拨球

4. 左脚逆时针绕拨球（图 4-42）

(1) 动作要领

右脚作为支撑脚，左脚逆时针绕球，依次经过球的后方、右侧、前方、左侧，然后用脚弓拨球的左中部，使球向右移动。

(2) 练习方法与要求

① 每次绕拨球 6~8 次，待熟练后进行两脚交替绕拨球。

② 大班幼儿可以适当增加绕拨球速度。

图 4-42　左脚逆时针绕拨球

5. 两脚交替绕拨球（图 4-43）

(1) 动作要领

先进行一次右脚顺时针绕拨球，再进行一次左脚逆时针绕拨球；或者先进行一次右脚逆时针绕拨球，再进行一次左脚顺时针绕拨球。

图 4-43　两脚交替绕拨球

(2) 练习方法与要求

① 两脚交替绕拨球 8~10 次。

② 大班幼儿可以适当增加绕拨球速度。

(三) 教学过程

练习时每名幼儿一个足球，幼儿先进行一只脚多次绕拨球练习，等两只脚都较为熟练后进行两只脚交替绕拨球练习。老师示范绕拨球动作时强调脚踝稍微绷紧，绕球速度逐渐加快。

(四) 教学目标

培养幼儿脚对足球的感觉，提高幼儿身体的协调能力和踝关节的灵活性。

(五) 教学建议

(1) 可以通过 VR 技术先做无球的绕拨球练习。

(2) 可以尝试与其他游戏相结合，以增加运动量。

(3) 可以通过绕球速度、绕拨连贯性等判断幼儿绕拨球动作的质量。

十三、跨跳球

(一) 概念与释义

跨跳球是指幼儿先站在足球的一侧，通过跨跳的形式跳到球另一侧的技术动作。

(二) 教学内容

1. 向左跨跳球（图 4-44）

(1) 动作要领

两脚自然开立，站在足球的右侧，左腿提膝，脚踝稍收紧，脚尖稍翘，左脚从足球上方向左跨过足球，然后大腿快速下压、左脚快速落地；在左脚快速下落的过程中，顺势带动右脚快速提起并跨过足球，向左脚靠拢站立。

图 4-44 向左跨跳球

（2）练习方法与要求

① 连续跨跳球 6~8 次，待熟练后做两脚交替跨跳球。

② 逐渐加快跨跳球速度。

2. 向右跨跳球（图 4-45）

（1）动作要领

两脚自然开立，站在足球的左侧，右腿提膝，脚踝稍收紧，脚尖稍翘，右脚从足球上方向右跨过足球，然后大腿快速下压、右脚快速落地，在右脚快速下落的过程中，顺势带动左脚快速提起并跨过足球，向右脚靠拢站立。

1　　2　　3

图 4-45　向右跨跳球

（2）练习方法与要求

① 连续跨跳球 6~8 次，待熟练后做两脚交替跨跳球。

② 逐渐加快跨跳球速度。

3. 左右连续跨跳球（图 4-46）

（1）动作要领

先做一次左脚向左的跨跳球，再做一次右脚向右的跨跳球，如此交替。

1　　2　　3　　4　　5

图 4-46　左右连续跨跳球

（2）练习方法与要求

① 左右连续跨跳球 6~8 次。

② 逐渐加快跨跳球速度。

（三）教学过程

开始阶段，老师需要进行完整示范并进行简单讲解。幼儿练习时可以先进行模仿练习，等掌握基本步法后再进行跨跳球练习。练习时每名幼儿一个足球，先从单次跨跳球练习开始，逐渐过渡到连续跨跳球练习。

（四）教学目标

提高幼儿的协调能力和下肢力量。

（五）教学建议

（1）跨跳球可作为球性练习、热身练习的内容。

（2）跨跳球练习运动量较小，可以尝试与奔跑类游戏相结合，以增加运动量。

（3）可以通过跨跳速度、幅度、动作连贯性、协调性等评价幼儿的跨跳球动作。

（4）中班幼儿以熟悉动作为主，大班幼儿可以提高跨跳球速度。

十四、颠球

（一）概念与释义

颠球是指幼儿用脚背、脚弓或脚外侧连续轻踢空中足球的技术动作。

（二）教学内容

1. 脚背颠球（图 4-47）

（1）动作要领

以左脚颠球为例，右脚作为支撑脚站在球的后方，左脚脚踝收紧，脚尖稍上翘，用脚背正面击球的正下方。在脚背和球接触时，尽量有向前搓球的动作。

图 4-47　脚背颠球

（2）练习方法与要求

① 每组颠球 10~12 次，待熟悉后两脚交替颠球。

② 控制颠球力度，尽量连续颠球。

2. 脚弓颠球（图 4-48）

（1）动作要领

以右脚颠球为例，左脚作为支撑脚站在球的后方，右脚脚踝收紧，膝关节外展，小腿以膝关节为轴向左上方摆动，用脚弓部位击球的正下方。

图 4-48　脚弓颠球

（2）练习方法与要求

① 每组颠球 10~12 次，待熟悉后两脚交替颠球。

② 控制颠球力度，尽量连续颠球。

3. 脚外侧颠球（图 4-49）

（1）动作要领

以右脚颠球为例，左脚作为支撑脚站在球的左侧，右脚脚踝收紧，小腿以膝关节为轴向右上方摆动，用脚背外侧击球的正下方。

（2）练习方法与要求

① 每组颠球 10～12 次。

② 控制颠球力度，尽量连续颠球。

图 4-49　脚外侧颠球

4. 大腿连续颠球（图 4-50）

（1）动作要领

以右腿颠球为例，左脚作为支撑脚站在球的后方，右腿大腿上提，以大腿中前部击球的正下方。

（2）练习方法与要求

① 每组颠球 10～12 次，待熟悉后两腿交替颠球。

② 控制颠球力度，尽量连续颠球。

图 4-50　大腿连续颠球

（三）教学过程

练习时每名幼儿一个足球，先从单脚连续颠球练习开始，然后进行两脚交替连续颠球练习。进行颠球时，可以先将球装进网兜，然后一手拎住网兜或将网兜挂在某处，再进行颠球。老师需要根据不同的颠球内容强调颠球时脚的触球位置和力度（不能太大）。

（四）教学目标

培养幼儿脚对足球的感觉，提高幼儿下肢的力量和灵活性。

（五）教学建议

（1）左右脚交替练习。

（2）尝试与奔跑类游戏相结合，以增加运动量。

（3）可以通过颠球时腿或脚的连贯性评价幼儿颠球动作的质量。

第二节 踢球

一、脚弓踢球

（一）概念与释义

脚弓踢球是指幼儿用脚弓部位踢足球后中部的动作技术。脚弓踢球可控性强，是传球和近距离射门的常用脚法。

（二）教学内容

1. 原地脚弓踢球（图 4-51）

（1）动作要领

以右脚脚弓踢球为例，踢球时，左脚为支撑脚站在足球左侧，右腿膝关节旋外，小腿后摆，踝关节收紧，然后小腿以膝关节为轴前摆，脚后跟前送，以脚弓部位击球的后中部。

图 4-51 原地脚弓踢球

（2）练习方法与要求

① 每只脚踢球 6~8 次，两脚交替踢球。

② 适当增加远度目标或踢到固定目标。

2. 助跑脚弓踢球（图 4-52）

（1）动作要领

以右脚脚弓踢球为例，踢球时，先站在足球后方 3~5 米处，慢速助跑，跑至足球后方时左脚为支撑脚站在足球左侧，右腿膝关节旋外，小腿后摆，踝关节收紧，然后小腿以膝关节为轴前摆，脚后跟前送，以脚弓部位击球的后中部。

图 4-52 助跑脚弓踢球

（2）练习方法与要求

① 每只脚踢球 6~8 次，两脚交替踢球。

② 适当增加远度目标或踢到固定目标。

3. 脚弓踢移动的球（图 4-53）

（1）动作要领

以右脚脚弓踢球为例，踢球时，先判断足球滚来的方向，提前站在足球滚动路线上，左脚为支撑脚站在足球靠左侧，球快滚至身前时右腿膝关节旋外，小腿后摆，踝关节收紧，然后小腿以膝关节为轴前摆，脚后跟前送，以脚弓部位击球的后中部。

图 4-53　脚弓踢移动的球

（2）练习方法与要求

① 每只脚踢球 6~8 次，两脚交替踢球。

② 适当增加远度目标。

4. 脚弓踢准（图 4-54）

（1）动作要领

用脚弓踢球的方式将球踢进球门或其他目标物。

图 4-54　脚弓踢准

（2）练习方法与要求

① 每只脚踢球 6~8 次，两脚交替踢球。

② 适当增加远度或使用较小的固定目标。

（三）教学过程

幼儿练习时可以先进行无球的模仿练习，然后进行原地脚弓踢球、助跑脚弓踢球、脚弓踢移动的球、脚弓踢准等练习。老师示范脚弓踢球动作时需要重点强调击球部位和脚踝收紧。

（四）教学目标

（1）培养幼儿脚对足球的感觉，发展幼儿的脚部力量。

（2）中班幼儿有脚后跟前伸的意识即可，大班幼儿初步学会用脚弓踢球。

（五）教学建议

（1）可以在脚弓部位贴置贴纸、感应器等，让幼儿意识到要用脚的这个部位踢球，也可以通过感应器来反馈幼儿踢球时触球部位是否正确。

（2）可以将脚弓踢球和脚底挡球等练习相结合，两名幼儿相互配合踢、挡球。

（3）尽量让幼儿踢静止的球，并注意左右脚交替练习。

（4）主要根据幼儿脚触球部位、是否有膝关节旋外的意识评价幼儿脚弓踢球动作的质量。

二、脚背踢球

（一）概念与释义

脚背踢球是指用脚背正面进行踢球的动作技术，是常用的踢球方法。

（二）教学内容

1. 原地脚背踢球（图 4-55）

（1）动作要领

以右脚脚背踢球为例，踢球时，左脚作为支撑脚站在足球左后方，右腿小腿先向后预摆，然后前摆，脚踝收紧，脚尖插至足球下方，用脚背正面击球的后方中下部。

图 4-55　原地脚背踢球

（2）练习方法与要求

① 每只脚踢球 6~8 次，两脚交替踢球。

② 适当增加远度或踢到固定目标。

2. 助跑脚背踢球（图 4-56）

（1）动作要领

以右脚脚背踢球为例，踢球时，先站在足球后方 3~5 米处，慢速助跑，跑至足球后方时左脚作为支撑脚站在足球左后方，右腿小腿先向后预摆，然后前摆，脚踝收紧，脚尖插至足球下方，用脚背正面击球的后方中下部。

图 4-56　助跑脚背踢球

（2）练习方法与要求

① 每只脚踢球 6~8 次，两脚交替踢球。

② 适当增加远度或踢到固定目标。

3. 脚背踢移动的球（图 4-57）

（1）动作要领

以右脚脚背踢球为例，踢球时，先判断足球滚来的方向，提前站在足球滚动路线上，左脚作为支撑脚站在足球移动路线左侧，足球滚至身前时，右腿小腿先向后预摆，然后前摆，脚踝收紧，脚尖插至足球下方，用脚背正面击球的后方中下部。

图 4-57　脚背踢移动的球

（2）练习方法与要求

① 每只脚踢球 6~8 次，两脚交替踢球。

② 适当增加远度。

4. 脚背踢准（图 4-58）

（1）动作要领

用脚背踢球的方式将球踢进球门或其他目标物。

图 4-58 脚背踢准

（2）练习方法与要求

① 每只脚踢球 6~8 次，两脚交替踢球。

② 适当增加远度或使用较小的固定目标。

5. 脚背踢空中球（图 4-59）

（1）动作要领

以右脚脚背踢球为例，踢球时，提前判断足球移动路线，快速移动至足球落地点，左脚作为支撑脚站在足球左后方，右腿小腿先向后预摆，然后前摆，脚踝收紧，待足球下落时脚尖迅速插至足球下方，用脚背正面击球的后下部。

图 4-59 脚背踢空中球

（2）练习方法与要求

① 每只脚踢球 6~8 次，两脚交替踢球。

② 适当增加远度或踢到固定目标。

（三）教学过程

开始阶段，老师需要展示正确的示范动作，并进行简单讲解。幼儿练习时可以先进行原地脚背踢球练习，然后进行助跑脚背踢球、脚前踢移动的球、脚背踢准、脚背踢空中球等练习。

（四）教学目标

（1）培养幼儿脚对足球的感觉，发展幼儿的脚部力量。

（2）中班幼儿了解脚背踢球动作，大班幼儿初步学会脚背踢球动作。

（五）教学建议

（1）使用体感设备或 VR 技术，提高幼儿练习的积极性。

（2）尽量在空旷的场地上进行，并注意左右脚交替练习。

（3）强调用脚背而不是脚尖踢球，防止幼儿脚趾受伤。

(4) 主要根据幼儿触球部位评价幼儿脚背踢球动作的质量。

(5) 可以在脚背部位贴置贴纸、感应器等，让幼儿意识到要用脚的这个部位踢球，也可以通过感应器来反馈幼儿踢球时触球部位是否正确。

三、脚背外侧踢球

(一) 概念与释义

脚背外侧踢球是指幼儿用脚背外侧踢球的后中部的动作技术。

(二) 教学内容

1. 原地脚背外侧踢球（选学）(图 4-60)

(1) 动作要领

以右脚脚背外侧踢球为例，踢球时，左脚作为支撑脚站在足球左后方，右腿小腿先向后预摆，然后前摆，脚踝收紧，脚尖插至足球左下方，用脚背外侧击球的左下部。

图 4-60　原地脚背外侧踢球

(2) 练习方法与要求

① 每只脚踢球 6~8 次，两脚交替踢球。

② 适当增加远度或踢到固定目标。

2. 助跑脚背外侧踢球（选学）(图 4-61)

(1) 动作要领

以右脚脚背外侧踢球为例，踢球时，先站在足球后方 3~5 米处，慢速助跑，跑至足球后方时左脚作为支撑脚站在足球左后方，右腿小腿先向后预摆，然后前摆，脚踝收紧，脚尖插至足球左下方，用脚背外侧击球的左下部。

图 4-61　助跑脚背外侧踢球

(2) 练习方法与要求

① 每只脚踢球 6~8 次，两脚交替踢球。

② 适当增加远度或踢到固定目标。

（三）教学过程

开始阶段，老师需要展示正确的示范动作，并强调脚触球的部位。幼儿练习时可以先进行原地脚背外侧踢球练习，然后进行助跑脚背外侧踢球练习。

（四）教学目标

培养幼儿脚对足球的感觉，提高幼儿踝关节的灵活性，让幼儿初步学会用脚背外侧踢球。

（五）教学建议

（1）使用体感设备或 VR 技术，提高幼儿练习的积极性。

（2）尽量在空旷的场地上进行，并注意左右脚交替练习。

（3）主要根据幼儿触球部位评价幼儿脚背外侧踢球动作的质量。

（4）可以在脚背外侧部位贴置贴纸、感应器等，让幼儿意识到要用脚的这个部位踢球，也可以通过感应器来反馈幼儿踢球时触球部位是否正确。

第三节　停球

一、脚掌停球

（一）概念与释义

脚掌停球是指幼儿用脚掌将球停住的动作技术。

（二）教学内容

1. 脚掌停正面滚来的球（图 4-62）

（1）动作要领

以左脚脚掌停球为例，停球时提前判断足球滚来的方向，调整身体移动至足球滚动路线上并面对足球，右脚作为支撑脚站在足球移动路线靠右侧，左腿提膝，脚尖稍翘，脚底对准足球，待足球滚至脚下时，脚掌迅速下压，将球停住。

图 4-62　脚掌停正面滚来的球

(2) 练习方法与要求

① 每只脚停球 6~8 次，两脚交替停球。

② 适当增加足球滚动速度。

2. 脚掌停侧面滚来的球（图 4-63）

(1) 动作要领

以右脚脚掌停球为例，停球时提前判断足球滚动速度，左脚作为支撑脚站在足球移动路线靠后方，右腿提膝，脚尖稍翘，待足球滚至脚下时，脚掌迅速下压，将球停住。

(2) 练习方法与要求

① 每只脚停球 6~8 次，两脚交替停球。

② 适当增加足球滚动速度。

图 4-63 脚掌停侧面滚来的球

（三）教学过程

开始阶段，可以让两名幼儿间隔 3~5 米面对面站立，一名幼儿将球用手滚向同伴或者用脚底将球推向同伴，同伴用脚掌停球，然后逐渐过渡到踢球+停球的练习。

（四）教学目标

(1) 培养幼儿脚对足球的感觉，发展幼儿眼和脚的配合能力。

(2) 小班幼儿有伸脚停球的意识即可，中、大班幼儿初步学会用脚掌停球。

（五）教学建议

停球游戏活动运动量较小，可以和各种传球动作结合，以提高运动量。

二、脚弓停球

（一）概念与释义

脚弓停球是指幼儿根据足球滚来的方向迅速调整位置，然后用脚弓将球停住的动作技术。

（二）教学内容

1. 脚弓停正面滚来的球（图 4-64）

(1) 动作要领

以右脚脚弓停球为例，停球时提前判断足球滚来的方向，调整身体移动至足球滚动路线上并面对足球，左脚作为

图 4-64 脚弓停正面滚来的球

支撑脚站在足球移动路线靠左侧，右腿提膝，膝关节旋外，脚尖稍翘，脚弓对准足球，待足球滚至脚下时，右脚做下切动作或后撤动作，用脚弓将球停住。

（2）练习方法与要求

① 每只脚停球 6~8 次，两脚交替停球。

② 适当增加足球滚动速度。

2. 脚弓停侧面滚来的球（图 4-65）

（1）动作要领

以右脚脚弓停左侧滚来的球为例，停球时提前判断足球滚来的方向，左脚作为支撑脚站在足球移动路线后方，右腿提膝，脚尖稍翘，脚弓对准足球，待足球滚至脚下时，右脚做下切动作或后撤动作，用脚弓将球停住。

图 4-65　脚弓停侧面滚来的球

（2）练习方法与要求

① 每只脚停球 6~8 次，两脚交替停球。

② 适当增加足球滚动速度。

（三）教学过程

老师示范动作并进行简单讲解，注意强调脚触球部位。开始练习时，可以让两名幼儿间隔 3~5 米面对面站立，一名幼儿将球用手滚向同伴或者用脚底将球推向同伴，同伴用脚弓停球，然后逐渐过渡到踢球+停球的练习。

（四）教学目标

（1）提高幼儿踝关节的灵活性，培养幼儿眼和脚的配合能力。

（2）小班幼儿有伸脚停球的意识即可，中、大班幼儿初步学会用脚弓停球。

（五）教学建议

（1）停球游戏活动运动量较小，可以和各种传球动作结合，以提高运动量。

（2）左右脚交替进行停球练习。

（3）主要根据幼儿是否有用脚弓停球的意识进行评价。

三、脚背外侧停球

（一）概念与释义

脚背外侧停球是指幼儿根据足球滚来的方向迅速调整位置，然后用脚背外侧将球停住的动作技术。

（二）教学内容

1. 脚背外侧停正面滚来的球（选学）（图 4-66）

以右脚脚背外侧停球为例，停球时提前判断足球滚来的方向，调整身体移动至足球滚动路线上并面对足球，左脚作为支撑脚站在足球移动路线上，右腿提膝，待足球滚至脚下时，右脚脚背向左前伸展，用脚背正面外侧击包住球的左后方，将球停住。

图 4-66 脚背外侧停正面滚来的球

（2）练习方法与要求

① 每只脚停球 6~8 次，两脚交替停球。

② 适当增加足球滚动速度。

2. 脚背外侧停侧面滚来的球（选学）（图 4-67）

（1）动作要领

以右脚脚背外侧停右侧滚来的球为例，停球时提前判断足球滚来的方向，调整身体移动至足球滚动路线后方，左脚作为支撑脚站在足球移动路线后方，右腿提膝，待足球滚至脚下时，右脚脚背前伸，用脚背正面外侧击包住球的左后方，将球停住。

图 4-67 脚背外侧停侧面滚来的球

（2）练习方法与要求

① 每只脚停球 6~8 次，两脚交替停球。

② 适当增加足球滚动速度。

（三）教学过程

老师示范动作并进行简单讲解，注意强调脚触球部位。开始练习时，可以让两名幼儿间隔 3~5 米面对面站立，一名幼儿将球用手滚向同伴或者用脚底将球推向同伴，同伴用脚背外侧停球，然后逐渐过渡到踢球+停球的练习。

（四）教学目标

（1）提高幼儿踝关节的灵活性，提高幼儿眼和脚的配合能力。

（2）大班幼儿初步学会用脚背外侧停球。

（五）教学建议

（1）停球游戏活动运动量较小，可以和各种传球动作结合，以提高运动量。

（2）左右脚交替进行停球练习。

（3）主要根据幼儿是否有用脚背外侧停球的意识进行评价。

第四节 运球

一、脚背运球

（一）概念与释义

脚背运球是指幼儿在跑动中用脚背正面连续踢球，并将球控制在自身范围内的动作技术。

（二）教学内容

1. 脚背直线运球（图 4-68）

（1）动作要领

运球时，用脚背正面不断轻击球的中后部，使球不断前进。击球时，注意控制力度，力量不能太大，不能使球弹得太远。

图 4-68 脚背直线运球

（2）练习方法与要求

① 左右脚交替运球 10 米左右。

② 适当增加运球距离或运球速度。

2. 急停、急起运球（图 4-69）

（1）动作要领

用脚背正面运球一段时间后，用脚掌停球等方式将球停住，然后再快速启动运球。

图 4-69 急停、急起运球

（2）练习方法与要求

① 运球急停、急起 20 米左右。

② 适当增加停球、启动速度。

（三）教学过程

练习时每名幼儿一个足球，先进行较为简单的脚背直线运球练习，待幼儿运球稍微熟练后，可以进行脚背曲线运球、脚背绕障碍运球等练习。练习中，老师需要提醒幼儿注意运球时脚触球的部位。

（四）教学目标

（1）培养幼儿的球感，发展幼儿的脚部力量和身体协调能力。

（2）小班幼儿以玩球为主，中、大班幼儿初步学会用脚背运球。

（五）教学建议

（1）两脚交替进行运球练习。

（2）可以和停球、射门等技术动作相结合。

（3）可以让幼儿在声音、视频、地面指示灯等信号的指引下进行运球练习。

二、脚弓运球

（一）概念与释义

脚弓运球是指幼儿在跑动中用脚弓连续踢球，并将球控制在身体周围的动作技术。

（二）教学内容

1. 脚弓直线运球（图 4-70）

（1）动作要领

运球时，支撑脚在球的侧面，膝微屈，膝关节稍旋外，上体稍前倾侧向球，随重心前移，用运球脚脚弓部位推球前进。

图 4-70 脚弓直线运球

（2）练习方法与要求

① 两脚交替运球 15 米左右。

② 适当增加运球速度。

2. 脚弓绕障碍运球（图 4-71）

（1）动作要领

用脚弓运球，遇到障碍物时，提前判断，用脚弓推球变向，转肩侧身加速通过障碍物。

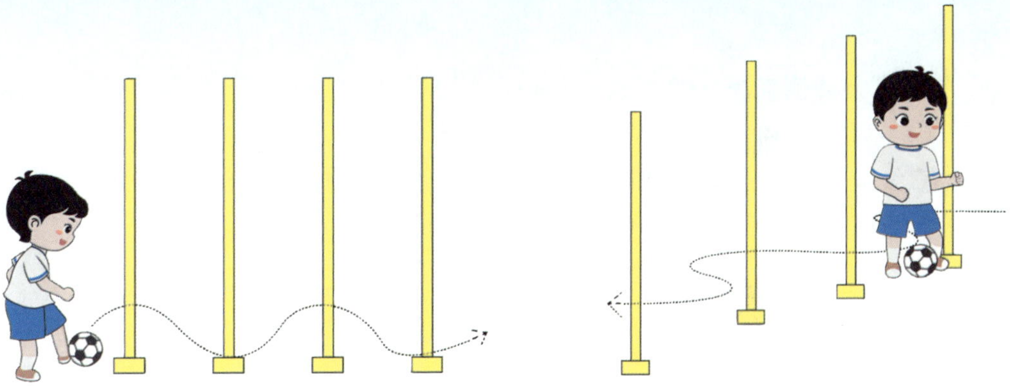

图 4-71　脚弓绕障碍运球

（2）练习方法与要求

① 两脚交替运球过障碍 15 米左右。

② 适当增加运球速度。

（三）教学过程

练习时每名幼儿一个足球，先进行较为简单的脚弓直线运球练习，待幼儿运球稍微熟悉后，可以进行脚弓曲线运球、脚弓绕障碍运球等练习。练习中，老师需要提醒幼儿注意运球时脚触球的部位。

（四）教学目标

（1）培养幼儿的球感，提高幼儿的协调能力和踝关节灵活性。

（2）中班幼儿以尝试脚弓运球为主，大班幼儿初步学会用脚弓运球。

（五）教学建议

（1）两脚交替进行运球练习。

（2）可以和停球、射门等技术动作相结合。

（3）主要根据幼儿运球时脚接触球的部位、能否将球控制在身体周围判断幼儿运球能力。

（4）可以让幼儿在声音、视频、地面指示灯等信号的指引下进行运球练习。

三、脚背外侧运球

（一）概念与释义

脚背外侧运球是指幼儿在跑动中用脚背外侧连续踢球，并将球控制在自身范围内的动作技术。

（二）教学内容

1. 脚背外侧直线运球（选学）（图 4-72）

（1）动作要领

直线运球时，上体稍前倾，运球脚屈膝提起，脚趾稍内转斜下压，摆至球体后方时，用脚背外侧推拨球的后中部，使球前进。

图 4-72　脚背外侧直线运球

（2）练习方法与要求

① 脚背外侧直线运球 15 米左右。

② 适当增加运球速度。

2. 脚背外侧绕障碍运球（选学）（图 4-73）

（1）动作要领

用脚背外侧运球，遇到障碍物时，提前判断，用脚背外侧推拨球变向，转肩侧身加速通过障碍物。

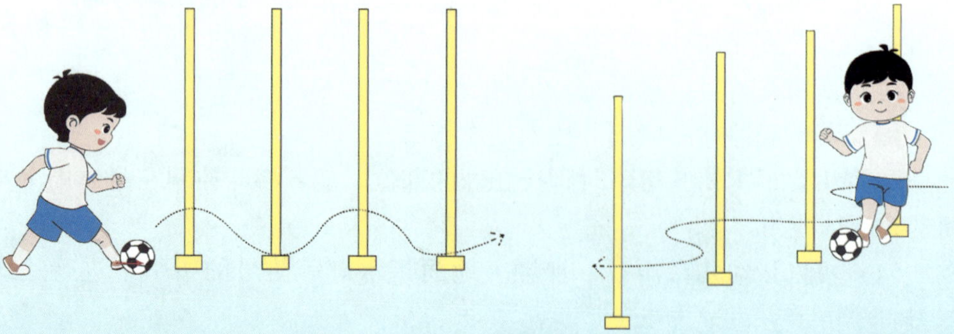

图 4-73　脚背外侧绕障碍运球

(2) 练习方法与要求

① 两脚交替运球过障碍 15 米左右。

② 适当增加运球速度。

(三) 教学过程

练习时每名幼儿一个足球，先进行较为简单的脚背外侧直线运球练习，待幼儿运球稍微熟悉后，可以进行脚背外侧曲线运球、脚背外侧绕障碍运球等练习。练习中，老师需要提醒幼儿注意运球时脚触球的部位。

(四) 教学目标

(1) 培养幼儿的球感，提高幼儿的协调能力和踝关节灵活性。

(2) 大班幼儿初步学会用脚背外侧运球。

(五) 教学建议

(1) 两脚交替进行运球练习。

(2) 可以和停球、射门等技术动作相结合。

(3) 主要根据幼儿运球时脚接触球的部位、能否将球控制在身体周围判断幼儿运球能力。

(4) 可以让幼儿在声音、视频、地面指示灯等信号的指引下进行运球练习。

四、组合运球

(一) 概念与释义

组合运球是指幼儿在跑动中用脚的不同部位交替踢球，并将球控制在自身范围内的组合动作技术。

(二) 教学内容

1. 直线组合运球

(1) 动作要领

运球时，根据运球路线或方向，交替使用脚背运球、脚弓运球、脚背外侧运球三种不同方式，沿直线进行运球。

(2) 练习方法与要求

① 每次运球 15~20 米。

② 适当增加运球速度。

2. 绕障碍组合运球

(1) 动作要领

交替使用脚背运球、脚弓运球、脚背外侧运球三种不同方式，遇到障碍物时，提前判断，并变向、加速快速绕过障碍物。

（2）练习方法与要求

① 两脚交替运球过障碍 15 米左右。

② 适当增加运球速度。

（三）教学过程

练习时，可以先在空旷的草坪上进行综合运球练习，然后进行绕过障碍物运球。在进行综合运球练习时，幼儿已经拥有了至少一种运球方法的动作准备，老师主要提示不同运球动作方法的作用及运用时机，如前进时用脚背正面运球，球滚向一侧时用同侧脚的脚内侧将球运回等。

（四）教学目标

（1）培养幼儿的球感，提高幼儿脚控制球的能力，发展幼儿身体的协调性、灵活性。

（2）大班幼儿初步学会组合运球。

（五）教学建议

（1）及时给予幼儿提示和鼓励。

（2）通过调整障碍物间距来增加练习的趣味性。

（3）主要根据幼儿运球时能否将球控制在身体周围，并能根据实际情况变换运球方法等判断幼儿组合运球能力。

（4）可以让幼儿在声音、视频、地面指示灯等信号的指引下进行运球练习。

第五节　综合练习

一、运球+射门或停球

（一）概念与释义

运球+射门是指幼儿在进行不同形式的运球后再进行射门的组合动作技术。

（二）教学内容

1. 脚背运球+射门（图 4-74）

（1）动作要领

先用脚背正面运球，快运至球门时用脚背正面将球踢进球门。

图 4-74　脚背运球+射门

（2）练习方法与要求

① 左右脚交替运球 10 米左右后射门。

② 适当增加运球距离、运球速度和射门距离。

2. 脚背运球+停球（图 4-75）

（1）动作要领

先用脚背正面运球，运球一段距离后用停球的方法将球停住，并转身运回。

图 4-75　脚背运球+停球

（2）练习方法与要求

① 运球 10 米左右后停球转身，注意左右脚交替练习。

② 适当增加运球距离和运球速度。

3. 脚弓运球+射门（图 4-76）

（1）动作要领

用脚弓运球一段距离后，用脚弓或脚背正面将球踢进球门。

图 4-76　脚弓运球+射门

（2）练习方法与要求

① 两脚交替运球 15 米左右后射门。

② 适当增加运球速度和射门距离。

4. 脚弓运球+停球（图 4-77）

（1）动作要领

用脚弓运球一段距离后，用停球的动作将球停住，并转身继续运球。

图 4-77 脚弓运球+停球

（2）练习方法与要求

① 两脚交替运球 15 米左右后停球。

② 适当增加运球速度。

5. 脚背外侧运球+射门（图 4-78）

（1）动作要领

用脚背外侧运球一段距离后，用脚弓或脚背正面将球踢进球门。

图 4-78 脚背外侧运球+射门

（2）练习方法与要求

① 两脚交替运球 15 米左右后射门。

② 适当增加运球速度和射门距离。

6. 脚背外侧运球+停球（选学）（图 4-79）

（1）动作要领

用脚背外侧运球一段距离后，用停球的动作将球停住，并转身继续运球。

图 4-79　脚背外侧运球+停球

(2) 练习方法与要求

① 两脚交替运球 15 米左右后停球。

② 适当增加运球速度。

(三) 教学过程

练习时可以先在空旷的草坪上进行综合运球+射门练习，然后进行绕过障碍物运球+射门练习。老师重点提醒幼儿注意运球时踢球的力量控制、方向控制等，使球尽量控制在较小的移动范围内。

(四) 教学目标

培养幼儿的球感，提高幼儿身体的协调性、灵活性，发展幼儿脚控制球的能力。

(五) 教学建议

(1) 通过调整障碍物间距、射门距离来激发幼儿练习的积极性。

(2) 建议在开始阶段，让幼儿运球结束后把球停住，踢固定球进行射门，等幼儿熟悉射门动作方法后，可以让幼儿运球后直接射门。

(3) 进行分组练习时，每组幼儿尽量不要太多，以减少幼儿等待时间、提高运动量。

二、争抢球

(一) 概念与释义

争抢球是指多位幼儿通过移动、卡位、挤抗等方法进行争球、抢球和护球的游戏活动。

(二) 教学内容

1. 一对一争抢球 (图 4-80)

(1) 动作要领

两名幼儿同时起跑争抢抛出的足球，抢到足球的幼儿将球快速运回，没抢到足球的幼儿在球运回起点前争取抢回足球。

（2）练习方法与要求

① 幼儿距离抛球点约 5~8 米。

② 鼓励积极抢球。

图 4-80　一对一争抢球

2. 一人护球一人抢球（图 4-81）

（1）动作要领

将足球放在地面，护球幼儿站在足球后方，抢球幼儿站在护球幼儿的身后。抢球幼儿通过脚步移动争取绕过护球幼儿将球踢走，护球幼儿通过脚步移动、身体卡位等方式力争不让对方将球踢走。

图 4-81　一人护球一人抢球

（2）练习方法与要求

① 敢于身体接触和对抗。

② 重心降低，力争踢到足球或保护足球。

3. 多人传接球 1 人抢球（图 4-82）

（1）动作要领

3~5 名幼儿围成一个圈，用不同方式进行相互传球，抢球幼儿站在圈中，力争踢到足球，如抢球幼儿踢到足球则交换位置。

图 4-82　多人传接球 1 人抢球

（2）练习方法与要求

① 传球速度稍快些，停球较稳定。

② 圈不要太大，控制在较为合理的范围内。

（三）教学过程

练习时，可以根据幼儿对足球的熟悉程度、场地、人数等选择不同的争抢球方式。老师需要对争抢球、护球进行动作示范和讲解，如争抢球时通过脚步移动、转身、踢球等方法进行抢球，护球时利用卡位、身体移动、运球等方法躲避对方抢球。同时，老师还要介绍犯规等简单的足球规则。

（四）教学目标

（1）使幼儿初步感受身体对抗，培养其抢球、护球意识。

（2）发展幼儿的身体力量、协调性等。

（五）教学建议

（1）提醒幼儿争抢球的动作不要太大，防止幼儿在争抢球过程中受伤。

（2）可以给幼儿戴上适当的护具。

（3）主要观察幼儿是否有尽力护球、努力抢球的意识。

三、小型比赛

（一）概念与释义

小型足球比赛是指幼儿通过模拟正式比赛进行的小型竞技类的游戏活动。

（二）教学内容

1. 一对一攻防（图 4-83）

（1）动作要领

一名幼儿防守，一名幼儿以各种方式运球并力争突破防守。

图 4-83　一对一攻防

（2）练习方法与要求

① 持球幼儿注意抬头观察，敢于变向，变向后加速要快。

② 防守幼儿重心降低，提前判断，敢于拼抢。

2. 2 对 2 小型比赛（图 4-84）

（1）动作要领

两名幼儿进攻，两名幼儿防守，在较小的场地上进行简单的足球比赛。

图 4-84　2 对 2 小型比赛

（2）练习方法与要求

① 3~5 分钟一局。

② 场地不要太大，球门不要太小。

3. 3 对 3 小型比赛（图 4-85）

（1）练习方法

三名幼儿进攻，三名幼儿防守，在较小的场地上进行简单的足球比赛。

图 4-85　3 对 3 小型比赛

（2）练习方法与要求

① 3~5 分钟一局。

② 场地不要太大，球门不要太小。

（三）教学过程

练习时根据幼儿对足球的熟悉程度、场地、人数等选择不同的比赛方式，不上场比赛的幼儿在场边担任啦啦队员。老师需要进行规则讲解，对幼儿进行合理分配，同时在比赛中担任裁判员。

（四）教学目标

（1）全面发展幼儿的身体素质。

（2）培养幼儿的规则意识、集体意识和竞争意识。

（五）教学建议

（1）使用 VR 技术，让幼儿体验现场观看比赛。

（2）以鼓励幼儿为主，对勇于挑战、积极奔跑的幼儿及时进行表扬。

（3）引导幼儿遵守规则、尊重队友、尊重对手、尊重裁判，养成良好的体育素养。

（4）合理控制比赛时间，防止运动量过大，同时注意及时更换队员，让更多的幼儿参与其中。

第五章

幼儿篮球

幼儿篮球是一项主要为幼儿园阶段儿童开展的球类运动项目。幼儿篮球依据幼儿的身材、体能和心理特点，使用小型篮球器材和场地进行符合幼儿身心发展特点的练习，使幼儿初步形成传、接、运、投等基本技术动作，同时发展幼儿走、跑、跳、投等基本活动能力，促进幼儿速度、柔韧、协调、灵敏、平衡等身体素质的发展，从而促进幼儿生长发育，提高其身体机能和体质健康水平。幼儿篮球运动是一种集体性项目，通过篮球练习，有助于培养幼儿相互协作、相互鼓励、相互信任的意识。幼儿篮球的内容设计注重趣味性，多采用游戏的形式，不仅为满足幼儿的身心需求提供了保障，还能在教学过程中寓教于乐，使幼儿从运动中收获快乐。

第一节　熟悉篮球

一、滚球

（一）概念与释义

滚球是幼儿用单手或双手使篮球在地面上按一定线路进行滚动的动作。

（二）教学内容

1. 左右滚球（图 5-1）

（1）动作要领

两脚开立，与肩同宽，屈膝降低重心，上体前倾，用手臂、手腕和手指的力量拨动球，使球在体前左右滚动。

图 5-1　左右滚球

（2）练习方法与要求

① 老师讲解示范，幼儿模仿左右滚球动作。

② 通过定位垫固定幼儿站位，要求幼儿沿地面直线完成左右滚球，初步掌握左右滚球动作。

③ 将左右滚球动作带入游戏，在游戏中完成行进间左右滚球，熟练掌握左右滚球动作。

2. 前后滚球（图 5-2）

（1）动作要领

两脚稍开立，屈膝降低重心，上体前倾，用手臂、手腕和手指的力量拨动球，使球在体侧前后滚动。

图 5-2　前后滚球

（2）练习方法与要求

① 老师讲解示范，幼儿模仿前后滚球动作。

② 通过定位垫固定幼儿站位，要求幼儿沿地面直线完成前后滚球，初步掌握前后滚球动作。

③ 将前后滚球动作带入游戏，在游戏中完成行进间前后滚球，熟练掌握前后滚球动作。

3. 绕体滚球（图 5-3）

（1）动作要领

两脚并拢，屈膝降低重心，上体前倾，用手臂、手腕和手指的力量拨动球，左右手交替使球围绕身体滚动。

图 5-3　绕体滚球

（2）练习方法与要求

① 老师讲解示范，幼儿模仿绕体滚球动作。

② 通过定位垫固定幼儿站位，要求幼儿沿身边曲线完成绕体滚球，初步掌握绕体滚球动作。

③ 将绕体滚球动作带入游戏，在游戏中完成行进间绕体滚球，熟练掌握绕体滚球动作。

4. 胯下“8”字滚球（图 5-4）

（1）动作要领

两脚开立，略宽于肩，屈膝降低重心，上体前倾，用手臂、手腕和手指的力量拨动球，左右手交替使球在胯下沿“8”字路线滚动。

图 5-4　胯下“8”字滚球

（2）练习方法与要求

① 老师讲解示范，幼儿模仿胯下“8”字滚球动作。

② 通过定位垫固定幼儿站位，要求幼儿沿胯下的“8”字路线完成滚球，初步掌握胯下“8”字滚球动作。

③ 将胯下“8”字滚球动作带入游戏，在游戏中完成行进间胯下“8”字滚球，熟练掌握胯下“8”字滚球动作。

5. 滚双球（图 5-5）

（1）动作要领

两脚稍开立，屈膝降低重心，上体前倾，双手同时在体侧利用手臂、手腕和手指的力量使球前后滚动。

（2）练习方法与要求

① 老师讲解示范，幼儿模仿滚双球动作。

② 通过定位垫固定幼儿站位，要求幼儿沿身体两侧的地面标志线完成滚双球，初步掌握滚双球动作。

图 5-5　滚双球

③ 将滚双球动作带入游戏，在游戏中完成行进间滚双球，熟练掌握滚双球动作。

（三）教学过程

（1）在老师的指导和帮助下，幼儿会用手腕、手指控制球，使球在地面滚动。

（2）在老师的指导下，幼儿会用手腕、手指控制球的行进方向，逐渐掌握各方向的滚球动作。

（3）幼儿可以独立完成滚球练习，并能按照老师要求的动作和指定的路线完成练习。

（四）教学目标

小班：学会前后左右方向滚球，学会绕体滚球。

中班：可以熟练完成前后左右方向滚球和绕体滚球，学会胯下“8”字滚球。

大班：可以熟练完成胯下“8”字滚球，学会滚双球。

（五）教学建议

（1）在行进间滚球过程中，容易出现幼儿的移动速度跟不上滚球速度的现象，可以通过在智能跑道上进行追逐移动点的练习来提高幼儿的移动速度，并使幼儿更好地控制身体与球的位置。

（2）可以通过设计“赶小鸡”的游戏情境来提高幼儿的练习兴趣。

二、抛接球

（一）概念与释义

抛接球是幼儿用单手或双手将篮球向上抛起，并用单手或双手接住篮球的动作。

(二) 教学内容

1. 双手抛接球（图 5-6）

(1) 动作要领

两脚开立，与肩同宽，两膝微屈，双手持球于体前，抛球时，以肩关节为轴，用手臂、手腕和手指的力量将球向正上方抛起，接球时，目视来球，向上伸臂迎球，手触球后，收臂屈肘缓冲，用双手持球于体前。

图 5-6　双手抛接球

(2) 练习方法与要求

① 老师讲解示范，幼儿模仿双手抛接球动作。

② 通过定位垫固定幼儿站位，运用障碍物控制抛球高度，开始练习的时候，可以在球落地反弹后再接住球，然后过渡到直接接住球。

③ 先用气球或软球练习，在球落地前接住球，掌握接球时机，克服恐惧心理，然后换成篮球，初步掌握双手抛接球动作。

④ 将双手抛接球动作带入游戏，在游戏中完成行进间双手抛接球，熟练掌握双手抛接球动作。

2. 双手抛接球加击掌（图 5-7）

(1) 动作要领

两脚开立，与肩同宽，两膝微屈，双手持球于体前，抛球时，以肩关节为轴，用手臂、手腕和手指的力量将球向正上方抛起，接球时，目视来球，双手快速完成击掌后向上伸臂迎球，手触球后，收臂屈肘缓冲，用双手持球于体前。

图 5-7　双手抛接球加击掌

（2）练习方法与要求

① 老师讲解示范，幼儿模仿双手抛接球加击掌动作。

② 通过定位垫来固定幼儿站位，运用障碍物控制抛球高度，快速击掌，开始练习的时候，可以在球落地反弹后再接住球，然后过渡到直接接住球。

③ 先用气球或软球练习，在球落地前接住球，掌握击掌与接球时机，克服恐惧心理，然后换成篮球，初步掌握双手抛接球加击掌动作。

④ 将双手抛接球加击掌动作带入游戏中，在游戏中完成行进间双手抛接球加击掌，熟练掌握双手抛接球加击掌动作。

3. 单手抛接球（图 5-8）

（1）动作要领

两脚开立，与肩同宽，两膝微屈，单手持球于体前，抛球时，以肩关节为轴，用手臂、手腕和手指的力量将球向正上方抛起，接球时，目视来球，向上伸臂迎球，手触球后，收臂屈肘缓冲，用单手持球于体前。

图 5-8　单手抛接球

（2）练习方法与要求

① 老师讲解示范，幼儿模仿单手抛接球动作。

② 通过定位垫固定幼儿站位，运用障碍物控制抛球高度，开始练习的时候，可以在球落地反弹后再接住球，然后过渡到直接接住球。

③ 先用气球或软球练习，在球落地前接住球，掌握接球时机，克服恐惧心理，然后换成篮球，初步掌握单手抛接球动作。

④ 将单手抛接球动作带入游戏中，在游戏中完成行进间单手抛接球，熟练掌握单手抛接球动作。

4. 单手抛接球加击掌（图 5-9）

（1）动作要领

两脚开立，与肩同宽，两膝微屈，单手持球于体前，抛球时，以肩关节为轴，用手臂、手腕和手指的力量将球向正上方抛起；接球时，目视来球，双手快速完成击掌后向上伸臂迎球，手触球后，收臂屈肘缓冲，用单手持球于体前。

图 5-9　单手抛接球加击掌

（2）练习方法与要求

① 老师讲解示范，幼儿模仿单手抛接球加击掌动作。

② 通过定位垫固定幼儿站位，运用障碍物控制抛球高度，快速击掌，开始练习的时候，可以在球落地反弹后再接住球，然后过渡到直接接住球。

③ 先用气球或软球练习，在球落地前接住球，掌握击掌与接球时机，克服恐惧心理，然后换成篮球，初步掌握单手抛接球加击掌动作。

④ 将单手抛接球加击掌动作带入游戏中，在游戏中完成行进间单手抛接球加击掌，熟练掌握单手抛接球加击掌动作。

5. 左抛右接（图 5-10）

（1）动作要领

两脚开立，与肩同宽，两膝微屈，单手持球于身体一侧，抛球时，以肩关节为轴，用手臂、手腕和手指的力量经头顶将球抛向另一侧，接球时，目视来球，另一侧手臂上伸迎球，手触球后，收臂屈肘缓冲，用单手持球于身体一侧。

图 5-10　左抛右接

（2）练习方法与要求

① 老师讲解示范，幼儿模仿左抛右接动作。

② 通过定位垫固定幼儿站位，运用障碍物控制抛球高度与方向，开始练习的时候，可以在球落地反弹后再接住球，然后过渡到直接接住球。

③ 先用气球或软球练习，在球落地前接住球，掌握接球时机，克服恐惧

心理，然后换成篮球，初步掌握左抛右接动作。

④ 将左抛右接动作带入游戏，在游戏中完成行进间左抛右接，熟练掌握左抛右接动作。

（三）教学过程

（1）在老师的指导和帮助下，幼儿可以完成向上抛球动作，并能在球落地反弹后接住球。

（2）在老师的指导下，幼儿可以在球落地前接住球，逐渐掌握抛接球动作。

（3）幼儿可以独立完成抛接球练习，并能按照老师的要求加入动作并按指定的路线完成练习。

（四）教学目标

小班：学会双手抛接球和双手抛接球加击掌动作。

中班：可以熟练完成双手抛接球和双手抛接球加击掌动作，并能在行进间完成双手抛接球动作，学会单手抛接球和单手抛接球加击掌动作。

大班：可以熟练完成单手抛接球和单手抛接球加击掌动作，并能在行进间完成单手抛接球动作，学会左抛右接动作。

（五）教学建议

（1）在抛接球练习过程中，对于球落点的把控较难，建议可以利用球在灯光下的投影，帮助幼儿理解球落点的位置，从而促进抛接球动作的学习。

（2）可以通过设计“发射卫星、回收卫星”的游戏情境来提高幼儿的练习兴趣。

三、环绕球

（一）概念与释义

环绕球是幼儿用左右手交替触球，使球在头部、躯干、下肢等部位按照顺时针或逆时针方向进行环绕运动的动作。

（二）教学内容

1. 膝部环绕球（图 5-11）

（1）动作要领

双脚并拢，屈膝降低重心，上体前倾，左右手交替触球，使球围绕膝部进行环绕运动。

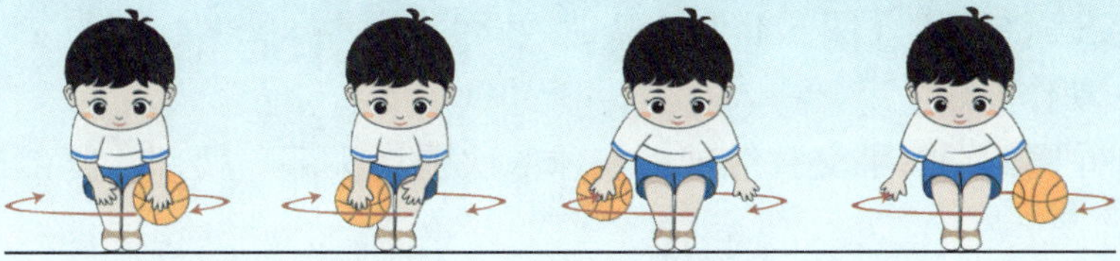

图 5-11　膝部环绕球

（2）练习方法与要求

① 老师讲解示范，幼儿模仿膝部环绕球动作。

② 通过定位垫固定幼儿站位，先用网球进行练习，降低难度，然后换成篮球练习，初步掌握膝部环绕球动作。

③ 将膝部环绕球动作带入游戏，在游戏中完成行进间膝部环绕球，熟练掌握膝部环绕球动作。

2. 腰部环绕球（图 5-12）

（1）动作要领

两脚开立，与肩同宽，左右手交替触球，使球围绕腰部进行环绕运动。

图 5-12　腰部环绕球

（2）练习方法与要求

① 老师讲解示范，幼儿模仿腰部环绕球动作。

② 通过定位垫固定幼儿站位，先用网球进行练习，降低难度，然后换成篮球练习，初步掌握腰部环绕球动作。

③ 将腰部环绕球动作带入游戏，在游戏中完成行进间腰部环绕球，熟练掌握腰部环绕球动作。

3. 头部环绕球（图 5-13）

（1）动作要领

两脚开立，与肩同宽，左右手交替触球，使球围绕头部进行环绕运动。

图 5-13　头部环绕球

（2）练习方法与要求

① 老师讲解示范，幼儿模仿头部环绕球动作。

② 通过定位垫固定幼儿站位，先用网球进行练习，降低难度，然后换成篮球练习，初步掌握头部环绕球动作。

③ 将头部环绕球动作带入游戏，在游戏中完成行进间头部环绕球，熟练掌握头部环绕球动作。

4. “三面绕环”（图 5-14）

（1）动作要领

两脚并拢，左右手交替触球，使球依次围绕头部、腰部、膝部进行环绕运动。

图 5-14　“三面绕环”

（2）练习方法与要求

① 老师讲解示范，幼儿模仿“三面绕环”动作。

② 通过定位垫固定幼儿站位，先用网球进行练习，降低难度，然后换成篮球练习，初步掌握“三面绕环”动作。

③ 将“三面绕环”动作带入游戏，在游戏中完成行进间“三面绕环”，熟练掌握“三面绕环”动作。

5. 胯下“8”字环绕球（图 5-15）

（1）动作要领

双脚开立略宽于肩，屈膝降低重心，上体前倾，左右手交替触球，使球在胯下沿“8”字路线进行环绕运动。

图 5-15　胯下“8”字环绕球

（2）练习方法与要求

① 老师讲解示范，幼儿模仿胯下“8”字环绕球动作。

② 通过定位垫固定幼儿站位，先用网球进行练习，降低难度，确定绕球路线，然后换成篮球练习，初步掌握胯下“8”字环绕球动作。

③ 将胯下“8”字环绕球动作带入游戏，在游戏中完成行进间胯下“8”字环绕球，熟练掌握胯下“8”字环绕球动作。

（三）教学过程

（1）在老师的指导和帮助下，幼儿可以用左右手交替触球，使其围绕身体转动。

（2）在老师的指导下，幼儿可以用左右手交替触球，逐渐掌握身体各部位的环绕球动作。

（3）幼儿可以独立完成环绕球练习，并能按照老师要求的动作和指定的路线完成练习。

（四）教学目标

小班：学会腰部、头部、膝部的环绕球动作。

中班：可以熟练完成腰部、头部、膝部的环绕球动作，并能组合完成“三面绕环”动作。

大班：可以熟练完成“三面绕环”动作，学会胯下“8”字环绕球动作。

（五）教学建议

（1）在环绕球练习过程中，为帮助幼儿更快掌握动作，建议将球悬挂在指定部位，避免球掉落，增强幼儿练习的自信心。

（2）在教学过程中，可以先从球贴着身体缓慢环绕球教起，在幼儿学会单膝环绕球后再让其完成双膝环绕球。

（3）可以通过设计“月亮绕着地球转”的游戏情境来提高幼儿的练习兴趣。

四、指拨球

（一）概念与释义

指拨球是幼儿用左右手交替触球，使篮球在左右手指尖处来回运动的动作。

（二）教学内容

1. 胸前屈臂指拨球（图 5-16）

（1）动作要领

两脚开立，与肩同宽，两臂屈肘持球于胸前，指尖向上，左右手指尖交替触球。

（2）练习方法与要求

① 老师讲解示范，幼儿模仿胸前屈臂指拨球动作。

② 通过定位垫固定幼儿站位，先用气球进行练习，降低难度，然后换成篮球练习，初步掌握胸前屈臂指拨球动作。

图 5-16　胸前屈臂指拨球

③ 将胸前屈臂指拨球动作带入游戏，在游戏中完成行进间胸前屈臂指拨球，熟练掌握胸前屈臂指拨球动作。

2. 胸前直臂指拨球（图 5-17）

（1）动作要领

两脚开立，与肩同宽，两臂前伸持球于胸前，指尖向前，左右手指尖交替触球。

（2）练习方法与要求

① 老师讲解示范，幼儿模仿胸前直臂指拨球动作。

② 通过定位垫固定幼儿站位，先用气球进行胸前直臂指拨球练习，降低难度，然后换成篮球练习，初步掌握胸前直臂指拨球动作。

图 5-17　胸前直臂指拨球

③ 将胸前直臂指拨球动作带入游戏，在游戏中完成行进间胸前直臂指拨球，熟练掌握胸前直臂指拨球动作。

3. 头顶指拨球（图 5-18）

（1）动作要领

两脚开立，与肩同宽，双手持球举过头顶，指尖向上，左右手指尖交替触球。

（2）练习方法与要求

① 老师讲解示范，幼儿模仿头顶指拨球动作。

② 通过定位垫固定幼儿站位，先用气球进行头顶指拨球练习，降低难度，然后换成篮球练习，初步掌握头顶指拨球动作。

图 5-18　头顶指拨球

③ 将头顶指拨球动作带入游戏，在游戏中完成行进间头顶指拨球，熟练掌握头顶指拨球动作。

4. 体前指拨球（图 5-19）

（1）动作要领

两脚开立，与肩同宽，双手持球垂于体前，指尖向下，左右手指尖交替触球。

（2）练习方法与要求

① 老师讲解示范，幼儿模仿体前指拨球动作。

② 通过定位垫固定幼儿站位，先用气球进行练习，降低难度，然后换成篮球练习，初步掌握体前指拨球动作。

图 5-19　体前指拨球

③ 将体前指拨球动作带入游戏，在游戏中完成

行进间体前指拨球，熟练掌握体前指拨球动作。

5. 背后指拨球（选学）（图 5-20）

（1）动作要领

两脚开立，与肩同宽，双手直臂持球于背后，左、右手指尖交替触球。

（2）练习方法与要求

① 老师讲解示范，幼儿模仿背后指拨球动作。

图 5-20　背后指拨球

② 通过定位垫固定幼儿站位，先用气球进行练习，降低难度，然后换成篮球练习，初步掌握背后指拨球动作。

③ 将背后指拨球动作带入游戏，在游戏中完成行进间背后指拨球，熟练掌握背后指拨球动作。

（三）教学过程

（1）在老师的指导和帮助下，幼儿可以用左右手指尖交替触球，控制球在两手之间拨动。

（2）在老师的指导下，幼儿可以用左右手指尖交替触球，逐渐掌握各方向的指拨球动作。

（3）幼儿可以独立完成指拨球练习，并能按照老师要求的动作和指定的路线完成练习。

（四）教学目标

小班：学会胸前屈臂、直臂指拨球动作。

中班：可以熟练完成胸前屈臂、直臂指拨球动作，学会头顶指拨球动作。

大班：可以熟练完成头顶指拨球动作，学会体前指拨球动作，可以尝试完成背后指拨球动作。

（五）教学建议

（1）在教学前期，可以先将球固定，让幼儿用左右手指尖触球，建立指拨球的初步体验，增强幼儿的自信心。

（2）针对指拨球练习过程中容易出现丢球情况，建议把球悬挂在指定位置，完成指拨球练习，以便于动作的掌握。

（3）可以通过设计“烫手的包子”的游戏情境来提高幼儿的练习兴趣。

五、摆球

（一）概念与释义

摆球是幼儿用左右手交替触球，用手臂带动篮球按照一定的线路进行摆动的动作。

（二）教学内容

1. 体前摆球（图 5-21）

（1）动作要领

两脚开立，与肩同宽，双手持球垂于体前，指尖向下，左臂带动左手用力把球推交给右手，右臂带动右手顺势将球引摆至体侧，然后再把球拉回体前推交给左手，左右手交替进行。

图 5-21　体前摆球

（2）练习方法与要求

① 老师讲解示范，幼儿模仿体前摆球动作。

② 通过定位垫固定幼儿站位，先用网球进行练习，降低难度，然后换成篮球练习，也可以将篮球悬挂起来进行练习，初步掌握体前摆球动作。

③ 将体前摆球动作带入游戏，在游戏中完成行进间体前摆球，熟练掌握体前摆球动作。

2. 扩胸摆球（图 5-22）

（1）动作要领

两脚开立，与肩同宽，直臂前伸持球于胸前，指尖向前，左臂带动左手用力，把球推交给右手，右臂带动右手顺势将球引摆至体侧进行扩胸运动，然后再把球拉回体前推交给左手，左右手交替进行。

图 5-22　扩胸摆球

（2）练习方法与要求

① 老师讲解示范，幼儿模仿扩胸摆球动作。

② 通过定位垫固定幼儿站位，先用网球进行练习，降低难度，然后换成篮球练习，也可以把篮球悬挂起来进行练习，初步掌握扩胸摆球动作。

③ 将扩胸摆球动作带入游戏，在游戏中完成行进间扩胸摆球，熟练掌握扩胸摆球动作。

3. 前绕环摆球（图 5-23）

（1）动作要领

两脚开立，与肩同宽，双手持球垂于体前，左臂带动左手把球用力推交给右手，右臂带动右手顺势将球引摆至身体右斜后下方后继续往右后上方摆动再经体前推交给左手，回摆时要加速，左右手交替进行。

图 5-23　前绕环摆球

（2）练习方法与要求

① 老师讲解示范，幼儿模仿前绕环摆球动作。

② 通过定位垫固定幼儿站位，先用网球进行练习，降低难度，然后换成篮球练习，初步掌握前绕环摆球动作。

③ 将前绕环摆球动作带入游戏，在游戏中完成行进间前绕环摆球，熟练掌握前绕环摆球动作。

4. 后绕环摆球（图 5-24）

（1）动作要领

两脚开立，与肩同宽，双手持球垂于体前，左臂带动左手把球用力推交给右手，右臂带动右手顺势把球引摆至身体右斜后上方后继续往右后下方摆动再经体前推交给左手，左右手交替进行。

图 5-24　后绕环摆球

（2）练习方法与要求

① 老师讲解示范，幼儿模仿后绕环摆球动作。

② 通过定位垫固定幼儿站位，先用网球进行练习，降低难度，然后换成篮球练习，初步掌握后绕环摆球动作。

③ 将后绕环摆球动作带入游戏，在游戏中完成行进间后绕环摆球，熟练掌握后绕环摆球动作。

5. 胯下摆球（图 5-25）

（1）动作要领

两脚稍开立，双手持球于胸前，两腿交替向上抬起，当一腿上抬时，一手把球从大腿下方推交给另一手，左右手交替进行。

图 5-25　胯下摆球

（2）练习方法与要求

① 老师讲解示范，幼儿模仿胯下摆球动作。

② 通过定位垫固定幼儿站位，先用网球进行练习，降低难度，然后换成篮球练习，初步掌握胯下摆球动作。

③ 将胯下摆球动作带入游戏，在游戏中完成行进间胯下摆球，熟练掌握胯下摆球动作。

（三）教学过程

（1）在老师的指导和帮助下，幼儿可以用左右手交替触球，控制球在两手之间摆动。

(2) 在老师的指导下，幼儿可以用左右手控制摆球方向，逐渐掌握各方向的摆球动作。

(3) 幼儿可以独立完成摆球练习，并能按照老师要求的动作和指定的路线完成摆球练习。

(四) 教学目标

小班：学会体前摆球、扩胸摆球动作。

中班：可以熟练完成体前、扩胸摆球动作，学会前绕环、后绕环摆球动作。

大班：可以熟练完成前环绕、后环绕摆球动作，学会胯下摆球动作。

(五) 教学建议

(1) 摆球训练前期，可把球悬挂起来，完成练习，先从推摆球不放手或短时放手开始，然后过渡到正常摆球。

(2) 摆球动作技术较难，可以先从兴趣入手，不强调动作的规范性，鼓励幼儿进行多次尝试。

(3) 可以通过设计“大摆钟”的游戏情境来提高幼儿的练习兴趣。

第二节　移动

一、跑

(一) 概念与释义

跑是指幼儿为了改变位置、方向和提高速度所使用的动作技术。跑是篮球运动中运用最多的一种移动技术。

(二) 教学内容

1. 起动 (图 5-26)

(1) 动作要领

图 5-26　起动

向前起动时，用后脚的前脚掌短促有力地蹬地，重心前移，上体前倾，迅速向前迈步。起动后的前两三步要短促而迅速。向侧起动时，用异侧脚的前脚掌用力蹬地，同时上体迅速向起动方向侧转并前倾，重心跟随移动，迅速向跑动方向迈步，步法同向前起动。

（2）练习方法与要求

① 老师讲解示范，幼儿模仿起动动作。

② 通过定位垫固定幼儿站位，用不同的颜色区分蹬地发力腿，运用不同的方式发令，提升幼儿起动的反应能力，初步掌握起动动作。

③ 将起动动作带入游戏，在游戏中完成起动练习，熟练掌握起动动作。

2. 变向跑（图 5-27）

（1）动作要领

以从右向左变向跑为例，队员跑动中最后一步用右脚前脚掌制动，同时脚内侧蹬地、屈膝、脚尖稍向内扣、腰部随之左转、重心左移，上体稍前倾，同时左脚向左前方跨出一小步，右脚再迅速向左脚的侧前方跨出一大步。

图 5-27　变向跑

（2）练习方法与要求

① 老师讲解示范，幼儿模仿变向跑动作。

② 通过定位垫固定幼儿站位，运用标志桶标记变向跑的路线，初步掌握变向跑动作。

③ 将变向跑动作带入游戏，在游戏中完成变向跑练习，熟练掌握变向跑动作。

3. 变速跑（图 5-28）

（1）动作要领

加速时，前脚掌用力蹬地，上体前倾，手臂快速摆动；减速时，前脚抵地以减缓向前冲力，上体抬起，放大步子，手臂减缓摆动。

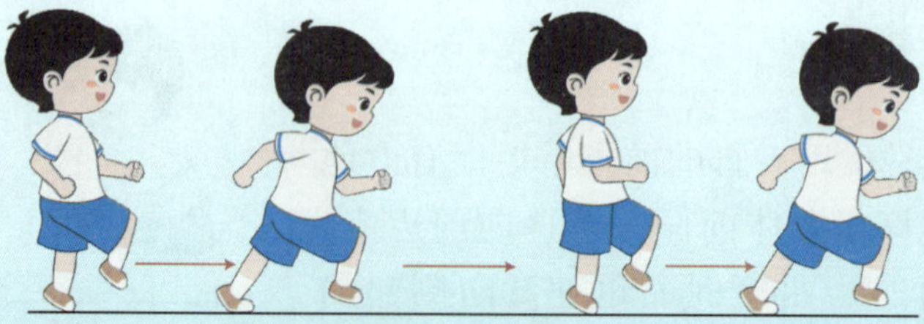

图 5-28　变速跑

（2）练习方法与要求

① 老师讲解示范，幼儿模仿变速跑动作。

② 通过定位垫固定幼儿站位，运用标志桶标记变速跑中快跑与慢跑的路线，通过口令与线路的控制，完成变速跑练习，初步掌握变速跑动作。

③ 将变速跑动作带入游戏，在游戏中完成变速跑练习，熟练掌握变速跑动作。

4. 侧身跑（图 5-29）

（1）动作要领

脚尖和膝盖对着跑动方向，腰以上部位侧转，上体和两臂放松，随时观察场上情况。

图 5-29　侧身跑

（2）练习方法与要求

① 老师讲解示范，幼儿模仿侧身跑动作。

② 通过定位垫固定幼儿站位，运用标志桶标记侧身跑的路线，初步掌握侧身跑动作。

③ 将侧身跑动作带入游戏，在游戏中完成侧身跑练习，熟练掌握侧身跑动作。

（三）教学过程

（1）在老师的指导和帮助下，幼儿可以做出跑的动作，建立动作的初步印象。

（2）在老师的指导下，让幼儿进行跑的各项学习，使幼儿逐渐掌握各种形式的跑。

（3）幼儿可以独立完成跑动练习，并能按照老师要求的动作和指定路线完成练习。

（四）教学目标

小班：理解跑的各种动作形式和名称，学会起动、变向跑及变速跑动作。

中班：可以熟练完成起动、变向跑和变速跑动作，学会侧身跑动作。

大班：可以熟练进行各种形式的跑动并能以较快的速度完成。

（五）教学建议

（1）练习时，可以在智能跑道上完成步态动作练习，通过让幼儿观察图片或有颜色的标志盘，来帮助其养成抬头的习惯。

（2）跑的练习较枯燥，可以通过设计“追逐赛”的游戏情境来提高幼儿的练习兴趣。

二、跳

（一）概念与释义

跳是指幼儿为了争取高度和远度的一种动作技术。跳是篮球运动中常用的一种移动技术。

（二）教学内容

1. 双脚起跳（图 5-30）

（1）动作要领

起跳时屈膝，同时向后摆动双臂，跳起的时候，双脚蹬地，两臂向上摆动，落地时屈膝缓冲。

图 5-30　双脚起跳

（2）练习方法与要求

① 老师讲解示范，情景带入直观表现动作方法，幼儿模仿双脚起跳动作。

② 通过定位垫固定幼儿站位，运用脚印贴纸明确起跳位置和起跳脚，从原地起跳过渡到慢跑起跳；运用悬垂物体，明确幼儿向上起跳的方向，不断练习，初步掌握双脚起跳动作。

③ 将双脚起跳动作带入游戏，在游戏中完成双脚起跳练习，熟练掌握双脚起跳动作。

2. 单脚起跳（图 5-31）

（1）动作要领

以左脚起跳为例，跳起的时候，左脚蹬地，右腿大腿抬高，两臂同时向上摆动，双脚落地屈膝缓冲。

图 5-31　单脚起跳

（2）练习方法与要求

① 老师讲解示范，幼儿模仿单脚起跳动作。

② 通过定位垫固定幼儿站位，运用脚印贴纸明确起跳位置和起跳脚，从原地起跳过渡到慢跑起跳；运用悬垂物体，明确幼儿向上起跳的方向，不断练习，初步掌握单脚起跳动作。

③ 将单脚起跳动作带入游戏，在游戏中完成单脚起跳练习，熟练掌握单脚起跳动作。

（三）教学过程

（1）在老师的指导帮助下，幼儿可以做出跳的动作，建立动作的初步印象。

（2）在老师的指导下，进行跳的各项学习，逐渐掌握各种形式的跳。

（3）幼儿可以独立完成跳跃练习，并能按照老师要求的动作和指定的路线完成练习。

（四）教学目标

小班、中班：理解跳的各种动作形式和名称，学会单脚起跳和双脚起跳动作。

大班：可以熟练进行各种形式的跳跃，并能在跑动中完成单脚起跳和双脚起跳动作。

（五）教学建议

（1）练习前期，将动作进行分解，在智能跑道上完成助跑，通过智能跑道的步态路线的反馈来体会起跳前的助跑动作，再利用跳床体会起跳的感觉，最后跑跳相结合完成跳跃练习。

（2）在起跳点上方悬挂物品，引导幼儿摆臂向上起跳，根据幼儿的能力调整悬挂物品的高度。

(3) 可以通过设计“摘苹果”的游戏情境来提高幼儿的练习兴趣。

三、滑步

（一）概念与释义

滑步是指幼儿为了阻止进攻者行动所使用的一种动作技术。滑步是篮球运动中最基本的防守步法。

（二）教学内容

1. 侧滑步（图 5-32）

（1）动作要领

以向左侧滑步为例，两脚左右开立略宽于肩，屈膝下蹲，上体保持正直，重心稍前倾，右脚前脚掌内侧用力向左蹬地，同时左脚向左跨出一步，左脚落地的同时右脚迅速向左滑出，两脚仍保持一定距离，眼睛平视前方。

图 5-32　侧滑步

（2）练习方法与要求

① 老师讲解示范，幼儿模仿侧滑步动作。

② 通过定位垫固定幼儿站位，运用标志桶标记侧滑步的行进路线；通过观察展板或老师动作，完成侧滑步练习，初步掌握侧滑步动作。

③ 将侧滑步动作带入游戏，在游戏中完成侧滑步练习，熟练掌握侧滑步动作。

2. 前后滑步（图 5-33）

（1）动作要领

两脚前后开立略宽于肩，屈膝下蹲，上体保持正直，重心落在两脚前脚掌之间。向前滑步时，后脚用力向前蹬地，同时前脚向侧前方迈出一步，前脚落地的同时后脚迅速跟上，两脚仍保持一定距离；向后滑步时，前脚用力向后蹬地，同时后脚向侧后方迈出一步，后脚落地的同时前脚迅速跟上，两脚仍保持一定距离。

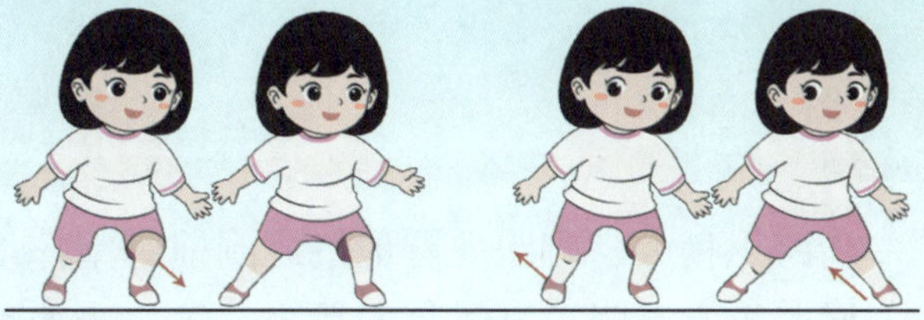

图 5-33　前后滑步

（2）练习方法与要求

① 老师讲解示范，幼儿模仿前后滑步动作。

② 通过定位垫固定幼儿站位，运用标志桶标记前后滑步的行进路线；通过观察展板或老师动作完成前后滑步练习，初步掌握前后滑步动作。

③ 将前后滑步动作带入游戏，在游戏中完成前后滑步练习，熟练掌握前后滑步动作。

（三）教学过程

（1）在老师的指导和帮助下，幼儿可以做出滑步的动作，建立动作的初步印象。

（2）在老师的指导下，进行滑步的各项学习，逐渐掌握各种形式的滑步动作。

（3）幼儿可以独立完成滑步练习，并能按照老师要求的动作和指定的路线完成练习。

（四）教学目标

小班：理解滑步的各种动作形式和名称，学会侧滑步和前后滑步动作。

中班：可以熟练完成侧滑步和前后滑步动作。

大班：可以熟练进行各种形式的滑步动作练习。

（五）教学建议

（1）在练习中，可以利用智能跑道对步态和线路的指示完成练习，通过利用图片或有颜色的标志盘让幼儿观察，来帮助幼儿养成抬头的习惯。

（2）可以通过设计“螃蟹回家”游戏情境来提高幼儿的练习兴趣。

四、急停

（一）概念与释义

急停是指幼儿在跑动中突然制动的一种动作技术。急停是篮球运动中衔接其他技术动作和摆脱对手的有效方法。

（二）教学内容

1. 跨步急停（图 5-34）

（1）动作要领

急停时的第一步跨出稍大，脚跟先着地过渡到前脚掌撑地，脚尖由向前方转为向侧前方，同时重心下降，身体稍向后坐；第二步着地时，前脚掌内侧用力蹬地，脚尖稍向内转，两膝弯曲并内收，上体稍前倾，重心落在两脚之间。

图 5-34 跨步急停

（2）练习方法与要求

① 老师讲解示范，幼儿模仿跨步急停动作。

② 通过定位垫固定幼儿站位，运用脚印贴纸明确急停的位置，用不同的颜色或数字标记急停脚的先后顺序，从原地跨步急停过渡到慢跑跨步急停；通过不同的指令完成急停练习，提高幼儿的反应能力，初步掌握跨步急停动作。

③ 将跨步急停动作带入游戏，在游戏中完成跨步急停练习，熟练掌握跨步急停动作。

2. 跳步急停（图 5-35）

（1）动作要领

在跑动时用单脚起跳，两脚同时落地，略比肩宽，前脚掌用力蹬地，两膝迅速弯曲，重心下降，保持身体平衡。

图 5-35 跳步急停

（2）练习方法与要求

① 老师讲解示范，幼儿模仿跳步急停动作。

② 通过定位垫固定幼儿站位，运用脚印贴纸明确急停的位置，从原地跳

步急停过渡到慢跑跳步急停；通过不同的指令完成急停练习，提高幼儿的反应能力，初步掌握跳步急停动作。

③ 将跳步急停动作带入游戏，在游戏中完成跳步急停练习，熟练掌握跳步急停动作。

（三）教学过程

（1）在老师的指导和帮助下，幼儿可以做出急停的动作，建立动作的初步印象。

（2）在老师的指导下，进行急停的各项学习，逐渐掌握各种形式的急停动作。

（3）幼儿可以独立完成急停练习，并能按照老师要求的动作和指定的路线完成练习。

（四）教学目标

小班：理解急停的各种动作形式和名称，学会跨步急停和跳步急停动作。

中班：可以熟练完成跨步急停和跳步急停动作。

大班：可以熟练运用各种形式的急停动作并能在移动中完成。

（五）教学建议

（1）在练习过程中，可以在急停点前方设置障碍物，帮助幼儿克服身体过度前倾无法完成急停的问题。

（2）可以通过设计“木头人”的游戏情境来提高幼儿的练习兴趣。

五、转身

（一）概念与释义

转身是指幼儿用一脚做中枢脚进行碾地旋转，另一脚随之转动（向前或向后）来改变身体方向的动作技术。转身是篮球运动中衔接其他技术动作和摆脱对手的有效方法。

（二）教学内容

1. 前转身（图 5-36）

（1）动作要领

两膝弯曲，收腹含胸，上体保持正直，转身时重心移向中枢脚，以中枢脚前脚掌为轴，中枢脚用力碾地，另一脚前脚掌内侧蹬地，带动身体向前转

图 5-36　前转身

身，身体重心保持在同一水平面上，尽量避免上下起伏。

(2) 练习方法与要求

① 老师讲解示范，幼儿模仿前转身动作。

② 通过定位垫固定幼儿站位，运用脚印贴纸明确中枢脚的位置，通过地面弧线的指示方向，从原地前转身过渡到在慢跑中完成前转身练习，初步掌握前转身动作。

③ 将前转身动作带入游戏，在游戏中完成前转身练习，熟练掌握前转身动作。

2. 后转身（图 5-37）

(1) 动作要领

两膝弯曲，收腹含胸，上体保持正直，转身时重心移向中枢脚，以中枢脚前脚掌为轴，中枢脚用力碾地，另一脚前脚掌内侧蹬地，带动身体向后转身，身体重心保持在同一水平面上，尽量避免上下起伏。

图 5-37　后转身

(2) 练习方法与要求

① 老师讲解示范，幼儿模仿后转身动作。

② 通过定位垫固定幼儿站位，运用脚印贴纸明确中枢脚的位置，通过地面弧线的指示方向，从原地后转身过渡到在慢跑中完成后转身练习，初步掌握后转身动作。

③ 将后转身动作带入游戏，在游戏中完成后转身练习，熟练掌握后转身动作。

（三）教学过程

(1) 在老师的指导和帮助下，幼儿可以做出转身的动作，建立动作的初步印象。

(2) 在老师的指导下，进行转身的各项学习，逐渐掌握各种形式的转身动作。

(3) 幼儿可以独立完成转身练习，并能按照老师要求的动作和指定的路线完成练习。

（四）教学目标

小班、中班：理解转身的各种动作形式和名称，学会前转身、后转身的动作。

大班：幼儿可以在原地熟练地完成各种形式的转身，并能在跑动中完成前转身、后转身动作。

（五）教学建议

（1）在练习过程中，将中枢脚固定，在智能跑道上利用动态展示帮助幼儿完成转身练习。

（2）可以设计“旋转陀螺”的游戏情境来提高幼儿的练习兴趣。

第三节　传接球

一、传球

（一）概念与释义

在篮球运动中，传球是指幼儿用单手或双手有目的地支配球、转移球的动作技术。

（二）教学内容

1. 双手胸前传球（图 5-38）

（1）动作要领

两脚前后开立，两膝微曲，双手持球于胸腹之间，两肘自然垂于体侧，眼睛平视前方。传球时，后脚蹬地发力，重心前移，两臂前伸，前臂随之旋内，拇指下压，食指和中指用力拨球将球传出。球出手后，两手略向外翻。

图 5-38　双手胸前传球

（2）练习方法与要求

① 老师讲解示范，幼儿模仿双手胸前传球动作。

② 通过定位垫固定幼儿站位，双手推固定球，确定传球手型。在墙上贴上标志点，确定传球位置，完成双手胸前传球练习，初步掌握双手胸前传球动作。

③ 将双手胸前传球动作带入游戏，在游戏中完成双手胸前传球练习，熟练掌握双手胸前传球动作。

2. 双手击地传球（图 5-39）

（1）动作要领

两脚前后开立，屈膝降低重心，双手持球于胸腹之间，两肘自然垂于体侧，眼睛平视前方。传球时，后脚蹬地发力，重心前移，两臂向前下方伸出，前臂随之旋内，拇指下压，食指和中指用力拨球将球传出，使球触碰地板反弹后传至接球队友的腰部位置。球出手后，两手略向外翻。

图 5-39　双手击地传球

（2）练习方法与要求

① 老师讲解示范，幼儿模仿双手击地传球动作。

② 通过定位垫固定幼儿站位，双手推固定球，确定传球手型。在地上贴上标志点，确定传球位置，完成双手击地传球练习，初步掌握双手击地传球动作。

③ 将双手击地传球动作带入游戏，在游戏中完成双手击地传球练习，熟练掌握双手击地传球动作。

3. 双手头上传球（图 5-40）

（1）动作要领

两脚平行开立，两膝微曲，双手持球于头顶，眼睛平视前方。传球时，腰腹发力，两臂前摆，拇指、食指和中指用力拨球将球传出。

图 5-40　双手头上传球

（2）练习方法与要求

① 老师讲解示范，幼儿模仿双手头上传球动作。

② 通过定位垫固定幼儿站位，在墙上贴上标志点，确定传球位置，完成双手头上传球练习，初步掌握双手头上传球动作。

③ 将双手头上传球动作带入游戏，在游戏中完成双手头上传球练习，熟练掌握双手头上传球动作。

4. 双手低手传球（图 5-41）

（1）动作要领

两脚平行开立，两膝微曲，双手持球于腹前，手心向上。传球时，手臂向前摆动，手腕前屈，手指拨球，主要依靠手腕、手指的力量将球传出。

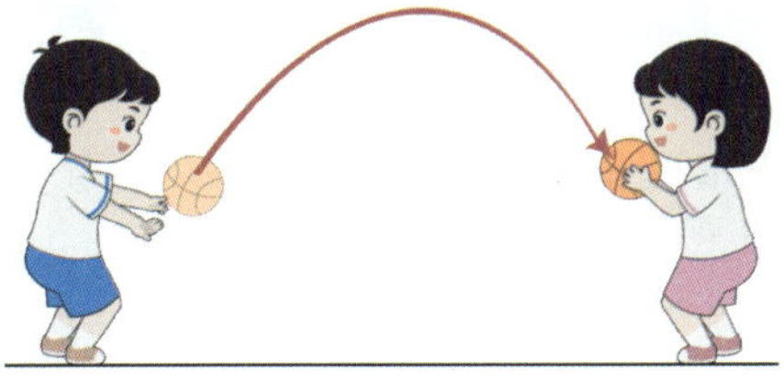

图 5-41　双手低手传球

（2）练习方法与要求

① 老师讲解示范，幼儿模仿单手低手传球动作。

② 通过定位垫固定幼儿站位，在墙上贴上标志点，确定传球位置，完成双手低手传球练习，初步掌握双手低手传球动作。

③ 将双手低手传球动作带入游戏，在游戏中完成双手低手传球练习，熟练掌握双手低手传球动作。

5. 单手肩上传球（图 5-42）

（1）动作要领

以右手单手肩上传球为例，两脚前后开立，两膝微曲，双手持球于胸腹之间，左脚向传球方向跨出半步，同时转体引球至右肩上方，右肩外展，手臂自然弯曲，手腕后屈，持球的后下方，左肩对着传球方向，重心落在右脚上。传球时，右脚蹬地的同时转体带动上臂，肘关节领先前臂，然后前臂向前伸展，手腕前屈，手指用力拨球将球传出。

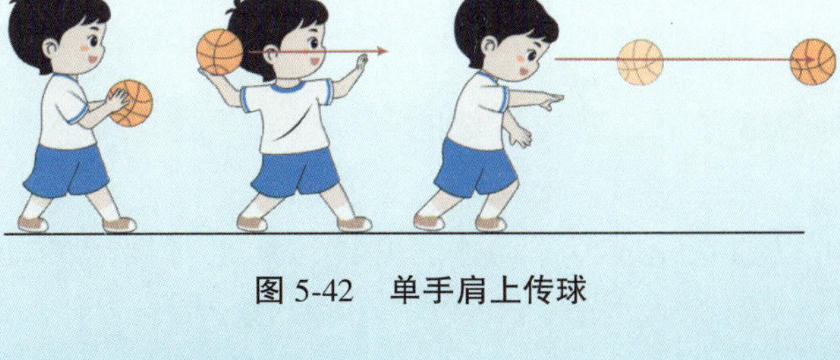

图 5-42　单手肩上传球

（2）练习方法与要求

① 老师讲解示范，幼儿模仿单手肩上传球动作。

② 通过定位垫固定幼儿站位，用网球完成单手肩上传球动作，确定传球动作。在墙上贴上标志点，确定传球位置，完成单手肩上传球练习，初步掌握单手肩上传球动作。

③ 将单手肩上传球动作带入游戏，在游戏中完成单手肩上传球练习，熟练掌握单手肩上传球动作。

6. 单手体侧传球（图 5-43）

（1）动作要领

以右手单手体侧传球为例，两脚开立，两膝微曲，双手持球于胸腹之间，右脚向右侧前方跨步的同时将球引至身体右侧呈右手单手持球。传球时，右臂前摆，手腕前屈，食指、中指和无名指发力将球传出。

图 5-43　单手体侧传球

（2）练习方法与要求

① 老师讲解示范，幼儿模仿单手体侧传球动作。

② 通过定位垫固定幼儿站位，用网球完成单手体侧传球动作，确定传球动作。在墙上贴上标志点，确定传球位置，完成单手体侧传球练习，初步掌握单手体侧传球动作。

③ 将单手体侧传球动作带入游戏，在游戏中完成单手体侧传球练习，熟练掌握单手体侧传球动作。

（三）教学过程

（1）在老师的指导和帮助下，幼儿可以做出翻腕、拨指的动作，建立传球动作的初步印象。

（2）在老师的指导下，进行传球的各项学习，逐渐掌握各种形式的传球动作。

（3）幼儿可以独立完成传球动作，并能按照老师要求的动作和指定的位置完成练习。

（四）教学目标

小班：初步学会双手胸前传球、双手击地传球、双手头上传球和双手低手传球动作。

中班：基本掌握双手胸前传球、双手击地传球、双手头上传球和双手低手传球动作。初步学会在移动中完成双手胸前传球和双手击地传球动作。

大班：可以熟练完成各种双手传球动作，并能在行进间完成。初步学会单手肩上传球和单手体侧传球。

（五）教学建议

（1）可以通过传球击中标志桶或在智能墙面上传球击打定位点的方法，提高幼儿传球的准度。利用传球击倒海绵垫的方法，提升幼儿传球的力度。

（2）可以通过设计“消灭外星人”的游戏情境来提高幼儿的练习兴趣。

二、接球

（一）概念与释义

在篮球运动中，接球是指幼儿用单手或双手控制住来球的动作技术。

（二）教学内容

1. 双手接中部位的球（图 5-44）

（1）动作要领

两脚开立，两膝微曲，接球时，两眼注视来球，两臂前伸迎球，手指自然分开，两拇指相对成“八”字形，其他手指向前上方伸出，两手成半球形。当手指触球后，两臂屈肘引球缓冲，双手持球于胸腹之间，保持身体平衡。

图 5-44　双手接中部位的球

（2）练习方法与要求

① 老师讲解示范，幼儿模仿双手接中部位的球动作。

② 通过定位垫固定幼儿站位，先用气球或软球完成双手接中部位的球，确定接球手型，然后换成篮球练习，初步掌握双手接中部位的球动作。

③ 将双手接中部位的球动作带入游戏，在游戏中完成双手接中部位的球练习，熟练掌握双手接中部位的球动作。

2. 双手接高部位的球（图 5-45）

（1）动作要领

两脚开立，两膝微曲，接球时，两眼注视来球，两臂向前上方伸出迎球，手指自然分开，两拇指相对成“八”字形，其他手指向前上方伸出，两手成半球形。当手指触球后，两臂屈肘引球缓冲，双手持球于胸腹之间，保持身体平衡。

图 5-45　双手接高部位的球

（2）练习方法与要求

① 老师讲解示范，幼儿模仿双手接高部位的球动作。

② 通过定位垫固定幼儿站位，先用气球或软球完成双手接高部位的球，确定接球手型，然后换成篮球练习，初步掌握双手接高部位的球动作。

③ 将双手接高部位的球动作带入游戏，在游戏中完成双手接高部位的球练习，熟练掌握双手接高部位的球动作。

3. 双手接低部位的反弹球（图 5-46）

（1）动作要领

两脚开立，两膝微曲，接球时，两眼注视来球，两臂向前下方伸出迎球，手指自然分开，两拇指相对成“八”字形，手心朝向前下方，两手成半球形。当手指触球后，两臂屈肘引球缓冲，双手持球于胸腹之间，保持身体平衡。

图 5-46　双手接低部位的反弹球

（2）练习方法与要求

① 老师讲解示范，幼儿模仿双手接低部位的反弹球动作。

② 通过定位垫固定幼儿站位，先用气球或软球完成双手接低部位的反弹球，确定接球手型，然后换成篮球练习，初步掌握双手接低部位的反弹球动作。

③ 将双手接低部位的反弹球动作带入游戏，在游戏中完成双手接低部位的反弹球练习，熟练掌握双手接低部位的反弹球动作。

4. 单手接球（选学）（图 5-47）

（1）动作要领

两脚开立，两膝微曲，接球时，两眼注视来球，接球手向来球方向伸出，五指自然分开，掌心正对来球，手腕、手指放松。当手指触球后，屈肘引球缓冲，持球于身体前方或体侧，另一只手迅速扶球，保持身体平衡。

图 5-47　单手接球

（2）练习方法与要求

① 老师讲解示范，幼儿模仿单手接球动作。

② 通过定位垫固定幼儿站位，先用气球或软球完成单手接球，确定接球手型，然后换成篮球练习，初步掌握单手接球动作。

③ 将单手接球动作带入游戏，在游戏中完成单手接球练习，熟练掌握单手接球动作。

（三）教学过程

（1）在老师的指导和帮助下，幼儿可以做出引臂、回收的动作，建立接球动作的初步印象。

（2）在老师的指导下，进行接球的各项学习，逐渐掌握各种形式的接球动作。

（3）幼儿可以独立完成接球动作，并能按照老师要求的动作和指定的位置完成练习。

（四）教学目标

小班：初步学会各种双手接球动作。

中班：基本掌握各种双手接球动作，尝试在行进间完成各种双手接球动作。

大班：可以熟练完成各种双手接球动作，并能在行进间完成。尝试完成单手接球动作。

（五）教学建议

（1）在练习中，幼儿容易出现漏球现象，建议降低球速；帮助幼儿带上大手套接球，以增强幼儿的自信心。

（2）可以通过设计“我是守门员”的游戏情境来提高幼儿的练习兴趣。

（3）接球时，避免指尖朝向来球方向，以防受伤。

第四节　运球

一、原地运球

（一）概念与释义

在篮球运动中，原地运球是指幼儿在原地用手连续按拍球的动作技术。

（二）教学内容

1. 原地高运球（图 5-48）

（1）动作要领

两脚前后开立，两膝微屈，抬头平视前方，上体稍前倾，用力按拍球的正上方，球的落点在身体一侧，球反弹的高度在胸腹之间，手脚协调配合，使球有节奏地上下运行。

图 5-48　原地高运球

（2）练习方法与要求

① 老师讲解示范，幼儿模仿原地高运球动作。

② 通过定位垫固定幼儿站位，在地面贴上篮球贴纸确定球的落点，护球

手放在体前标志桶上，抬头观察老师手中物品，养成抬头习惯，初步掌握原地高运球动作。

③ 将原地高运球动作带入游戏，在游戏中完成原地高运球练习，熟练掌握原地高运球动作。

2. 原地低运球（图 5-49）

（1）动作要领

两脚前后开立，两膝深屈，抬头平视前方，上体前倾，用手按拍球的正上方，球的落点在身体一侧。球反弹的高度不超过膝关节。另一侧手屈肘抬起，用身体和手臂保护球。

图 5-49　原地低运球

（2）练习方法与要求

① 老师讲解示范，幼儿模仿原地低运球动作。

② 通过定位垫来固定幼儿站位，在地面贴上篮球贴纸确定球的落点，护球手放在体前标志桶上，抬头观察老师手中物品，养成抬头习惯，初步掌握原地低运球动作。

③ 将原地低运球动作带入游戏，在游戏中完成原地低运球练习，熟练掌握原地低运球动作。

3. 原地体前换手运球（图 5-50）

（1）动作要领

两脚平行开立，两膝微屈，上体稍前倾，一手按拍球的侧上方，使球经体前地面反弹至另一侧，另一侧手在体前下方迎球，两手交替进行。

图 5-50　原地体前换手运球

（2）练习方法与要求

① 老师讲解示范，幼儿模仿原地体前换手运球动作。

② 通过定位垫固定幼儿站位，在地面贴上篮球贴纸确定球的落点，落点上方设有障碍物，使球通过障碍物，确定左右的触球部位，抬头观察老师手中物品，养成抬头习惯，初步掌握原地体前换手运球动作。

③ 将原地体前换手运球动作带入游戏，在游戏中完成原地体前换手运球练习，熟练掌握原地体前换手运球动作。

4. 原地后转身运球（选学）（图 5-51）

（1）动作要领

以右手运球为例，跨出左脚，左肩对着防守人，以左脚为中枢脚，右脚蹬地做后转身动作，右手按在球的前上方，将球拉至身体的侧后方并顺势按拍球，然后换左手继续运球。

图 5-51　原地后转身运球

（2）练习方法与要求

① 老师讲解示范，幼儿模仿原地后转身运球动作。

② 通过定位垫固定幼儿站位，在地面贴上脚印贴纸确定中枢脚的位置，按地面指示线控制转身方向初步掌握原地后转身运球动作。

③ 将原地后转身运球动作带入游戏，在游戏中完成原地后转身运球练习，熟练掌握原地后转身运球动作。

5. 原地胯下运球（选学）（图 5-52）

（1）动作要领

以右手运球为例，变向时，左脚在前，右手按拍球的右侧上方，使球从胯下穿过，左手伸向胯下迎球，右脚向左前方跨出，然后换左手继续运球。

图 5-52　原地胯下运球

（2）练习方法与要求

① 老师讲解示范，幼儿模仿原地胯下运球动作。

② 通过定位垫固定幼儿站位，在地面贴上篮球贴纸来确定球的落点，从双手放球双手接球开始，循序渐进到胯下运球，初步掌握原地胯下运球动作。

③ 将原地胯下运球动作带入游戏，在游戏中完成原地胯下运球练习，熟练掌握原地胯下运球动作。

（三）教学过程

（1）在老师的指导帮助下，幼儿可以做出原地运球手型，建立运球动作的初步印象。

（2）在老师的指导下，进行原地运球的各项学习，逐渐掌握各种形式的原地运球动作。

（3）幼儿可以独立完成原地运球动作，并能按照老师要求的动作和规定的次数完成练习。

（四）教学目标

小班：理解运球的基本动作，初步学会原地高运球和低运球。

中班：基本掌握原地高运球和原地低运球，初步学会原地体前换手运球和原地后转身运球。

大班：熟练完成原地高运球和低运球。基本掌握原地体前换手运球和原地后转身运球，尝试完成原地胯下运球。

（五）教学建议

（1）为增强幼儿的运球能力，游戏可以在运球过程中，用非运球手完成指定内容（拿标志桶、进行石头剪刀布游戏、抓网球等）。

（2）可以通过设计“运球小能手”的游戏情境提高幼儿的练习兴趣。

二、行进间运球

（一）概念与释义

在篮球运动中，行进间运球是指幼儿在行进过程中用手连续按拍球的动作技术。

（二）教学内容

1. 行进间高运球（图 5-53）

（1）动作要领

运球时，双膝微屈，眼睛平视前方，上体稍前倾，用力拍按球的后上方，球的落点控制在运球手臂同侧脚的外侧前方，球的反弹高度在胸腹之间，手脚协调配合，使球有节奏地向前运行。

图 5-53　行进间高运球

（2）练习方法与要求

① 老师讲解示范，幼儿模仿行进间高运球动作。

② 通过标志桶确定幼儿行进路线，先在慢走的过程中进行高运球，逐渐过渡到在慢跑过程中进行高运球，掌握触球部位和球的落点，初步掌握行进

间高运球动作。

③ 将行进间高运球动作带入游戏，在游戏中完成行进间高运球练习，熟练掌握行进间高运球动作。

2. 行进间低运球（图 5-54）

（1）动作要领

运球时，屈膝半蹲，眼睛平视前方，上体前倾，用手短促地按拍球的后上方，球的落点控制在体侧，球的反弹高度不超过膝关节，另一侧手臂屈肘抬起，用身体和手臂保护球。

图 5-54 行进间低运球

（2）练习方法与要求

① 老师讲解示范，幼儿模仿行进间低运球动作。

② 通过标志桶确定幼儿行进路线，先在慢走的过程中低运球，逐渐过渡到在慢跑的过程中低运球，掌握触球部位和球的落点，初步掌握行进间低运球动作。

③ 将行进间低运球动作带入游戏，在游戏中完成行进间低运球练习，熟练掌握行进间低运球动作。

3. 行进间体前换手运球（图 5-55）

（1）动作要领

以右手向左做体前换手运球为例，行进间运球的过程中，右手按拍球的右后上方，使球经体前右侧反弹至左侧前方，同时转动腰肩，右脚蹬地迅速向左前方跨出，身体前倾，重心前移，右臂屈肘抬起保护球，左手及时按拍球的后上方，加速运球推进。

图 5-55 行进间体前换手运球

（2）练习方法与要求

① 老师讲解示范，幼儿模仿行进间体前换手运球动作。

② 通过标志桶确定幼儿行进路线，先在慢走的过程中体前换手运球，逐渐过渡到在慢跑的过程中变向换手运球，初步掌握行进间体前换手运球动作。

③ 将行进间体前换手运球动作带入游戏，在游戏中完成行进间体前换手运球练习，熟练掌握行进间体前换手运球动作。

4. 行进间后转身运球（选学）（图 5-56）

（1）动作要领

以右手为例，行进间运球过程中跨出左脚，左肩对着防守人，以左脚为中枢脚，右脚蹬地做后转身动作，右手按在球的前上方，将球吸拉至身体的后侧方并按拍球落在身体的外侧方，然后换左手运球加速向前推进。

图 5-56　行进间后转身运球

（2）练习方法与要求

① 老师讲解示范，幼儿模仿行进间后转身运球动作。

② 通过标志桶确定幼儿行进路线，先在慢走的过程中后转身运球，逐渐过渡到在慢跑的过程中转身运球，初步掌握行进间后转身运球动作。

③ 将行进间后转身运球动作带入游戏，在游戏中完成多次行进间后转身运球练习，熟练掌握行进间后转身运球动作。

5. 行进间胯下运球（选学）（图 5-57）

（1）动作要领

以右手运球为例，行进间运球过程中左脚向前跨出，右手按拍球的右侧上方，使球从胯下穿过，右脚向左前方跨出，换左手运球，加速向前推进。

图 5-57　行进间胯下运球

(2) 练习方法与要求

① 老师讲解示范，幼儿模仿行进间胯下运球动作。

② 老师指导幼儿进行练习，利用定位垫标注运球的落点，使幼儿初步掌握行进间胯下运球动作。

③ 将行进间胯下运球动作带入游戏，在游戏中完成多次行进间胯下运球练习，熟练掌握行进间胯下运球动作。

（三）教学过程

(1) 在老师的指导和帮助下，幼儿可以做出行进间运球动作，建立行进间运球动作的初步印象。

(2) 在老师的指导下，进行行进间运球的各项学习，逐渐掌握各种形式的行进间运球动作。

(3) 幼儿可以独立完成行进间运球动作，并能按照老师要求的动作和规定的次数完成练习。

（四）教学目标

小班：能初步学会行进间高运球和行进间低运球动作。

中班：基本掌握行进间高运球和行进间低运球，初步学会行进间体前换手运球和行进间后转身运球动作。

大班：熟练完成行进间高运球和行进间低运球，基本掌握行进间体前换手运球和行进间后转身运球，动作标准规范，尝试完成行进间胯下运球动作。

（五）教学建议

(1) 在行进间运球过程中，幼儿容易出现丢球现象，建议从简单的双手运球开始学，增强幼儿的信心，再过渡到单手运球。

(2) 为促进幼儿对行进间运球动作的掌握，可以在智慧场地上，设置不断变化的点位，让幼儿通过行进间运球击中点位，以提高其运球能力。

(3) 可以通过设计“运球快递员”的游戏情境来提高幼儿的练习兴趣。

第五节　投篮

一、原地投篮

（一）概念与释义

原地投篮是指幼儿在原地将球投进篮筐完成进球的动作技术。

（二）教学内容

1. 双手低手投篮（图 5-58）

（1）动作要领

两手手指自然分开，持球的两侧后下方，置球于腹前，上体稍前倾，两脚前后或左右开立，两膝微屈，重心落在两脚前脚掌之间，目视篮筐。投篮时，两脚前脚掌蹬地，伸腰展腹，同时两臂由下向上摆动，手臂摆动至最高处时，屈腕拨指，将球柔和地投出。球离手后，身体随投篮出手方向自然伸展。

图 5-58　双手低手投篮

（2）练习方法与要求

① 老师讲解示范，幼儿模仿双手低手投篮动作。

② 通过定位垫固定幼儿站位，原地双手持球固定投篮手型，设置障碍物提高投篮的高度；通过投矮筐提高投篮的自信心，初步掌握双手低手投篮动作。

③ 将双手低手投篮动作带入游戏，在游戏中完成双手低手投篮练习，熟练掌握双手低手投篮动作。

2. 双手头上投篮（图 5-59）

（1）动作要领

两脚前后或左右开立，两膝微屈，重心落在两脚前脚掌之间，两手手指自然分开，两拇指相对成“八”字形，用指根以上部位持球的两侧后下方，置球于头顶，目视篮筐。投篮时，两脚前脚掌蹬地，伸腰展腹，同时两臂向前上方摆动，手臂摆动至最高处时，压腕拨指，将球柔和地投出。球离手后，身体随投篮出手方向自然伸展。

图 5-59　双手头上投篮

（2）练习方法与要求

① 老师讲解示范，幼儿模仿双手头上投篮动作。

② 通过定位垫固定幼儿站位，原地双手头顶持球固定投篮手型，设置障碍物提高投篮的高度；通过投矮筐提高投篮的自信心，初步掌握双手头上投篮动作。

③ 将双手头上投篮动作带入游戏，在游戏中完成双手头上投篮练习，熟练掌握双手头上投篮动作。

3. 双手胸前投篮（图 5-60）

（1）动作要领

两脚前后或左右开立，两膝微屈，重心落在两脚前脚掌之间，两手手指自然分开，两拇指相对成“八”字形，用指根以上部位持球的两侧后下方，肘关节自然下垂，置球于胸和下巴之间，目视篮筐。投篮时，两脚前脚掌蹬地，伸腰展腹，同时两臂向前上方伸出，接着两手腕同时外翻前屈，拇指向前压送，以拇指、食指和中指的力量将球投出。球离手后，身体随投篮出手方向自然伸展。

图 5-60　双手胸前投篮

（2）练习方法与要求

① 老师讲解示范，幼儿模仿双手胸前投篮动作。

② 通过定位垫来固定幼儿站位，原地双手胸前持球固定投篮手型，设置障碍物提高投篮的高度；通过投矮筐提高投篮的自信心，初步掌握双手胸前投篮动作。

③ 将双手胸前投篮动作带入游戏，在游戏中完成双手胸前投篮练习，熟练掌握双手胸前投篮动作。

4. 单手胸前投篮（图 5-61）

（1）动作要领

以右手投篮为例，右脚在前，左脚稍后，两膝微屈，重心落在两脚前脚掌之间，右手五指自然分开，翻腕持球的后下部位，左手扶在球的侧上方，持球于胸前，目视篮筐，肘关节内收。投篮时，下肢蹬地发力，身体随之向前上方伸展，同时抬肘向投篮方向伸臂，手腕前屈，手指拨球，将球柔和地从食指、中指指端投出。球离手时，手臂随球自然跟送，脚跟提起。

图 5-61　单手胸前投篮

（2）练习方法与要求

① 老师讲解示范，幼儿模仿单手胸前投篮动作。

② 通过定位垫固定幼儿站位，设置障碍物提高投篮的高度；通过投矮框提高投篮自信心，初步掌握单手胸前投篮动作。

③ 将单手胸前投篮动作带入游戏，在游戏中完成单手胸前投篮练习，熟练掌握单手胸前投篮动作。

5. 单手肩上投篮（选学）（图 5-62）

（1）动作要领

以右手投篮为例，右脚在前，左脚稍后，两膝微屈，重心落在两脚前脚掌之间，手指自然分开，翻腕持球的后下部位，左手扶在球的侧上方，举球于同侧头或肩的前上方，目视篮筐，上臂与地面平行，上臂与前臂约成 90°角，肘关节内收。投篮时，下肢蹬地发力，身体随之向前上方伸展，同时抬肘向投篮方向伸臂，手腕前屈，手指拨球，将球柔和地从食指、中指指端投出。球离手时，手臂随球自然跟送，脚跟提起。

图 5-62　单手肩上投篮

（2）练习方法与要求

① 老师讲解示范，幼儿模仿单手肩上投篮动作。

② 通过定位垫固定幼儿站位，设置障碍物提高投篮的高度；通过投矮筐提高投篮的自信心，初步掌握单手肩上投篮动作。

③ 将单手肩上投篮动作带入游戏，在游戏中完成单手肩上投篮练习，熟练掌握单手肩上投篮动作。

（三）教学过程

（1）在老师的指导和帮助下，幼儿可以做出投篮姿势和投篮手型动作，建立投篮动作的初步印象。

（2）在老师的指导下，进行投篮的各项学习，逐渐掌握多种形式的投篮动作。

（3）幼儿可以独立完成投篮动作，并能按照老师要求的动作和规定的次数完成练习。

（四）教学目标

小班：根据老师的示范，学会双手低手投篮和双手头上投篮动作。

中班：掌握双手低手投篮和双手头上投篮动作，初步学会双手胸前投篮动作和单手胸前投篮动作。

大班：掌握双手胸前投篮动作和单手胸前投篮动作，并运用至比赛中，尝试完成单手肩上投篮动作。

（五）教学建议

（1）可以用大网兜代替篮球筐，提升幼儿投篮的自信心，同时也方便捡球。

（2）可以从简单的双手投篮开始学，增强幼儿的信心，再过渡到单手投篮。

（3）可以通过设计“投篮挑战赛”的游戏情境来提高幼儿的练习兴趣。

二、行进间投篮

（一）概念与释义

行进间投篮是指幼儿在行进间将球投进篮筐完成进球的动作技术。

（二）教学内容

1. 行进间低手投篮（图 5-63）

（1）动作要领

以右手投篮为例，运球前行，双手持球于体侧，右脚先跨一大步，接着左脚跨一小步并用力向上起跳，右腿屈膝上抬，重心前移，双手向前上方举球，当身体接近最高点时，左手离球，右手外旋，掌心向上托球，屈腕拨指，将球投出。

图 5-63　行进间低手投篮

（2）练习方法与要求

① 老师讲解示范，幼儿模仿行进间低手投篮动作。

② 通过定位垫固定幼儿站位，在地面上用贴纸或定位圈标明第一步和第二步，明确动作路线，从原地徒手动作到行进间有球练习，初步掌握行进间低手投篮动作。

③ 将行进间低手投篮动作带入游戏，在游戏中完成行进间单手肩上低手投篮练习，熟练掌握行进间单手肩上低手投篮动作。

2. 行进间高手投篮（图 5-64）

（1）动作要领

以右手投篮为例，运球前行，双手持球于体侧，右脚先跨一大步，接着左脚跨一小步并用力向上起跳，右腿屈膝上抬，重心前移，同时举球至头上方，当身体接近最高点时，右臂向前上方伸展，压腕拨指，将球投出。

图 5-64　行进间高手投篮

（2）练习方法与要求

① 老师讲解示范，幼儿模仿行进间高手投篮动作。

② 通过定位垫固定幼儿站位，在地面上用贴纸或定位圈标明第一步和第二步，明确动作路线，从原地徒手动作到行进间有球练习，初步掌握行进间高手投篮动作。

③ 将行进间高手投篮动作带入游戏，在游戏中完成行进间高手投篮练习，熟练掌握行进间高手投篮动作。

（三）教学过程

（1）在老师的指导和帮助下，幼儿可以做出行进间投篮脚步动作和投篮手型动作，建立行进间投篮动作的初步印象。

（2）在老师的指导下，进行行进间投篮的各项学习，逐渐掌握行进间投篮动作。

（3）幼儿可以独立完成行进间投篮动作，并能按照老师要求的动作和规定的次数完成练习。

（四）教学目标

大班：幼儿可以模仿完成行进间上篮动作，可以在较低的篮筐上完成行进间低手投篮和行进间高手投篮动作。

（五）教学建议

（1）针对幼儿容易出现“走步”的现象，在练习过程中加上口令“1、2、投”配合脚步，从而帮助幼儿明确行进间投篮脚步。

（2）先从简单的双手投篮开始学，增强幼儿的信心，再过渡到单手投篮。从无球开始练习，等幼儿熟练掌握脚步后再进行有球的练习。

（3）可以通过“行进间投篮挑战赛”的游戏情境来提高幼儿的练习兴趣。

第六节　防守

一、防守有球队员（图 5-65）

（一）概念与释义

防守有球队员是指幼儿通过积极的脚步和手部动作阻挠和破坏对手的运球、传球和投篮，达到夺球反攻目的所采取的各种专门动作方法。

（二）教学内容

1. 动作要领

根据有球队员的目的调整自己的防守位置和距离，降低重心并干扰和破坏其投篮，堵截其运球突破，封锁其传球路线，并积极地抢、切球以争取控球权。

图 5-65　防守有球队员

2. 练习方法与要求

（1）老师讲解示范，幼儿模仿防守有球幼儿动作。

（2）固定持球幼儿站在定位垫上不许移动，防守幼儿通过封锁，破坏其投篮或传球，初步掌握防守动作。进攻幼儿沿标志桶运球，防守幼儿运用脚步跟上，控制距离，明确防守路线；进攻幼儿在规定区域中运球，防守幼儿通过干扰抢断球，争夺控球权。

（3）将防守有球队员动作带入游戏，在游戏中完成练习，熟练掌握防守动作。

（三）教学过程

（1）在老师的示范讲解下，幼儿可以理解在防守进攻幼儿的运球、传球和投篮时要用不同的动作方法。

（2）在老师的指导和帮助下，防守幼儿可以运用不同的脚步和手臂动作完成对进攻幼儿运球、传球和投篮的防守。

（3）防守幼儿可以独立完成防守练习，可以不断跟随进攻幼儿，并能合理运用技术干扰和破坏进攻幼儿的进攻意图。

（四）教学目标

大班：幼儿可以合理运用防守脚步和手臂动作，完成防守有球队员练习。

（五）教学建议

（1）先运用定位垫确定防守站位，并沿地面标志线进行防守脚步练习，明确防守的移动路线；利用道具进行追逐、摆脱练习，强化幼儿的灵敏性。

（2）防守过程中时刻提醒幼儿动作的合理性，提醒幼儿不能随意做出危险动作来达到抢、打球的目的，不能故意侵犯对方的身体。

（3）可以通过设计“猫捉老鼠”的游戏情境来提高幼儿的练习兴趣。

二、防守无球队员（图 5-66）

（一）概念与释义

防守无球队员是指通过阻挠和破坏对手的摆脱、切入和接球，达到限制其参与进攻目的所采取的各种专门动作方法。

（二）教学内容

1. 动作要领

根据无球队员所处的位置不断调整自己的防守位置和距离，做到人球兼顾，降低重心并利用积极的脚步和手臂动作阻止无球队员完成摆脱、切入和接球动作。

图 5-66　防守无球队员

2. 练习方法与要求

（1）老师讲解示范，幼儿模仿防守无球队员动作。

（2）两名幼儿面对面站立，腰上绑上绳索，一端用魔术贴黏在一起，进攻幼儿在指定路线上变向移动，防守幼儿不断跟随，控制位置与距离达到防守跟随的目的，初步掌握防守动作。

（3）将防守无球队员动作带入游戏，在游戏中完成练习，熟练掌握防守动作。

（三）教学过程

（1）在老师的指导和帮助下，幼儿可以运用防守脚步按指定路线完成防守练习。

（2）在老师的指导下，防守幼儿利用防守脚步跟上进攻幼儿的移动，控制与进攻幼儿的位置和距离。

（3）防守幼儿可以独立完成防守练习，可以不断跟随进攻幼儿，并能合理运用技术干扰和破坏进攻幼儿的进攻意图。

（四）教学目标

大班：幼儿可以合理运用防守脚步和手臂动作，完成防守无球队员练习。

（五）教学建议

（1）为提高防守幼儿的移动能力，让其能跟上进攻幼儿的移动速度，可以进行绳梯练习，以提高幼儿脚步的灵敏性。

（2）在防守过程中，时刻提醒幼儿动作的合理性，让其认识到不能故意侵犯对方的身体。

（3）可以通过设计“我是影子”的游戏情境来提高幼儿的练习兴趣。

第七节　综合练习

一、组合技术练习

（一）概念与释义

组合技术练习是把运球、传接球和投篮进行组合，幼儿通过不同形式的组合技术练习，提高技术运用能力的游戏活动。

（二）教学内容

1. 运球+传球（图 5-67）

（1）动作要领

通过行进间运球至指定位置时，运用不同的传球动作完成组合技术练习。

图 5-67　运球+传球

（2）练习方法与要求

① 老师讲解示范，幼儿模仿运球+传球动作。

② 通过定位垫固定幼儿站位，根据老师要求和图片提示，沿标志桶进行运球练习，到达指定位置后将球传出。通过逐步提高练习难度，初步掌握运球+传球动作。

③ 将运球+传球动作带入游戏，在游戏中完成运球+传球练习，熟练掌握运球+传球动作。

2. 运球+投篮（图 5-68）

（1）动作要领

通过行进间运球至指定位置时，运用不同的投篮动作完成组合技术练习。

图 5-68 运球+投篮

（2）练习方法与要求

① 老师讲解示范，幼儿模仿运球+投篮动作。

② 通过定位垫固定幼儿站位，根据老师要求和图片提示，沿标志桶进行运球练习，到达指定位置后将球投入篮筐。通过逐步提高练习难度，初步掌握运球+投篮动作。

③ 将运球+投篮动作带入游戏，在游戏中完成运球+投篮练习，熟练掌握运球+投篮动作。

3. 传接球+投篮（图 5-69）

（1）动作要领

将球传给队友，队友接球后运用不同的投篮动作完成组合技术练习。

（2）练习方法与要求

① 老师讲解示范，幼儿模仿传接球+投篮动作。

② 通过定位垫固定幼儿站位，幼儿接到球后调整身体姿势面向篮筐完成投篮。通过逐步提高练习难度，初步掌握传接球+投篮动作。

③ 将传接球+投篮动作带入游戏，在游戏中完成传接球+投篮练习，熟练掌握传接球+投篮动作。

图 5-69　传接球+投篮

4. 运球+传接球+投篮（图 5-70）

（1）动作要领

通过行进间运球至指定位置时，把球传给队友，队友接到球后，运用不同的投篮动作完成组合技术练习。

图 5-70　运球+传接球+投篮

（2）练习方法与要求

① 老师讲解示范，幼儿模仿运球+传接球+投篮动作。

② 通过定位垫来固定幼儿站位，幼儿通过图片的指示，完成相对应的各类动作，沿标记线运球至传球点上将球传给队友，队友接球后，调整身体姿势面向篮筐完成投篮。通过逐步提高练习难度，初步掌握运球+传接球+投篮动作。

③ 将运球+传接球+投篮动作带入游戏，在游戏中完成运球+传接球+投篮练习，熟练掌握运球+传接球+投篮动作。

（三）教学过程

（1）在老师的指导和帮助下，幼儿可以初步完成组合动作。

（2）在老师的指导下，幼儿可以较熟练地完成各类组合动作，并能在规定时间内完成练习。

（3）幼儿可以独立完成组合动作练习，并能按照老师要求随意切换动作形式并进行组合。

（四）教学目标

大班：根据老师要求完成运球、传接球和投篮的组合动作练习，并能在规定时间内完成。

（五）教学建议

（1）从少数技术开始，循序渐进不断提高。

（2）为便于幼儿理解，通过标志桶、定位垫、标记线等器材确定组合路线。

（3）可以通过设计“篮球明星大闯关”的游戏情境来提高幼儿的练习兴趣。

二、小型比赛

（一）概念与释义

小型篮球比赛是指幼儿通过模拟正式比赛进行的小型竞争性的游戏活动。

（二）教学内容

1. 一对一比赛（图 5-71）

（1）器材与场地

① 5 号篮球。

② 15 米×11 米半场。

③ 篮圈高度不超过 2.05 米。

（2）练习方法与要求

① 在老师的讲解示范下，幼儿理解比赛概念，明确防守与进攻的分工。

② 一名幼儿持球进攻，另一名幼儿防守，进攻方运用各种方式运球突破防守，完成指定任务（投篮、传球、突破至指定位置）。

③ 要求进攻方注意抬头观察，敢于变向突破；要求防守方重心降低，移动迅速，敢于拼抢。

图 5-71　一对一比赛

2. 多人比赛（4~6 人）（图 5-72）

（1）器材与场地

① 5 号篮球。

② 15 米×11 米半场。

③ 篮圈高度不超过 2.05 米。

（2）练习方法与要求

① 在老师的讲解示范下，幼儿理解比赛概念，明确防守与进攻的分工。

② 老师参与，组织幼儿积极合理完成比赛。

③ 要求进攻方注意抬头观察，敢于变向突破；要求防守方重心降低，移动迅速，敢于拼抢；队员之间相互信任与合作。

图 5-72　多人比赛

（三）教学过程

（1）在老师的讲解示范下，幼儿了解小型篮球比赛的规则，并能理解比赛的概念。

（2）在老师的指导下，幼儿可以初步完成小型比赛游戏。

（3）老师作为裁判，幼儿可以独立完成小型比赛。

（四）教学目标

大班：可以独立完成小型比赛，熟悉比赛规则。

（五）教学建议

（1）通过观看视频，让幼儿比赛，理解比赛，热爱比赛。

（2）以鼓励为主，降低篮球比赛规则标准，对于比赛中表现优异的幼儿，及时进行鼓励与表扬。

（3）引导幼儿遵守规则、尊重裁判、尊重对手，养成良好的体育素养。

（4）合理控制比赛时间，避免运动量过大；降低得分难度，可以使用大筐或标记物作为得分的载体，满足幼儿得分欲望。

第六章 幼儿体育游戏

体育游戏是幼儿进行体育活动的一种常见方式，它集合了身体锻炼、品德培养、智力开发等多方面的功能元素，以游戏的方式来开展体育锻炼活动，给幼儿以趣味性和吸引力，又不失挑战性，可以让幼儿在游戏情境中充分地参与体育活动，最终获得多方面能力的培养。本章根据幼儿身心发展的特点和需求，从团队合作、心理发展和体能增强三个方面汇编了大量幼儿体育游戏项目。

第一节　团队合作类游戏

团队合作类游戏活动是幼儿园体育活动的重要组成部分，目的是在促进走、跑、跳、投、平衡等动作发展，提高速度、力量、耐力等身体素质发展的同时，注重发展幼儿的沟通能力、思维能力、组织能力、协作能力，培养幼儿团队意识、竞争意识、集体荣誉感等优秀心理品质，为幼儿未来阶段的学习和生活打下良好的身体和心理基础。

一、动作类

（一）位移技能类

1. 直线接力跑（图 6-1）

（1）游戏准备

接力棒、小跑道或空旷的场地等。

（2）游戏方法

3~5 名幼儿为一组，第一名幼儿听到口令后沿直线快速跑，返回时通过击掌或递交物品（如接力棒）的形式让下一名幼儿重复第一名幼儿的练习，直到最后一名幼儿完成任务。

图 6-1　直线接力跑

（3）指导与建议

① 单程跑动距离为 15~20 米。

② 尽量将每组人数控制在 5 人以内，减少幼儿等待时间，提高练习密度。

2. 绕障碍接力跑（图 6-2）

（1）游戏准备

接力棒、障碍物、空旷的场地等。

（2）游戏方法

3~5 名幼儿为一组，第一名幼儿听到口令后快速绕过障碍物，返回时通过击掌或递交物品（如接力棒）的形式让下一名幼儿重复第一名幼儿的练习，直到最后一名幼儿完成任务。

图 6-2　绕障碍接力跑

（3）指导与建议

① 单程跑动距离为 15 米左右。

② 尽量将每组人数控制在 5 人以内，减少幼儿等待时间，提高练习密度。

③ 可以适当调整障碍物之间的距离，提高练习强度。

3. 两人三足（图 6-3）

（1）游戏准备

弹力绑带、空旷的场地等。

（2）游戏方法

用弹力绑带将两名并排幼儿的相邻脚绑在一起，让两名幼儿同时用三只脚走路。将幼儿两人一组分成若干组，各组排成一排同时从起点出发，沿跑道走向终点，绕过终点标志先返回起点的为胜。

（3）指导与建议

① 跑动距离为 20 米左右。

② 给幼儿充足的练习时间。

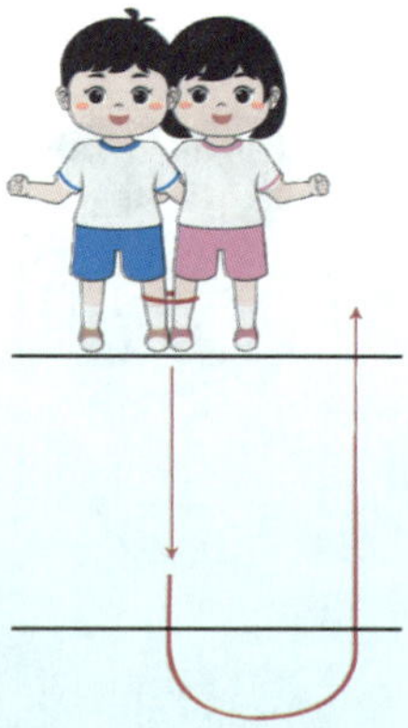

图 6-3　两人三足

③ 绑带尽量宽一些，终点可以放一些垫子，保证游戏安全。

4. 人枪老虎（图 6-4）

（1）游戏准备

空旷的场地。

(2) 游戏方法

将幼儿分成人数相等的两组，各组排成一排与另一组面对面站立，在老师统一口令下，幼儿出示不同手势（人、枪、老虎），输的一方跑，赢的一方追，如果追上则把对方吸收到自己队伍里。人追枪、枪打老虎、老虎吃人。最后看哪一组的人数多，多者为胜。

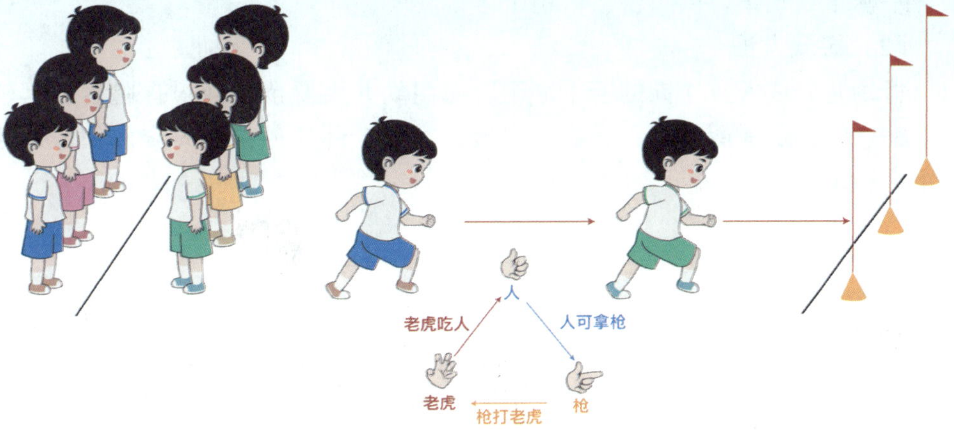

图 6-4　人枪老虎

(3) 指导与建议

① 每组幼儿至少有 15 米的跑动距离。

② 可以尝试让各组幼儿自己商议，然后每个小组出示相同手势。

5. 骑童车接力（图 6-5）

(1) 游戏准备

童车、跑道或空旷的场地，以及各种“物资”。

(2) 游戏方法

每名幼儿一辆童车，在终点处放置一些可以用单车运送的玩具。然后幼儿骑童车进行团队运送“物资”的接力比赛。

图 6-5　骑童车接力

（3）指导与建议

① 骑行距离在 20 米左右。

② 如果条件允许，可以进行童车载物（人）的团队游戏。

6. 一起去探险（图 6-6）

（1）游戏准备

平衡木、软垫、拱门桥、大箱子等。

（2）游戏方法

将幼儿分成人数相同的若干小组，每组幼儿需要依次经过探险区：爬软垫、钻拱门、走平衡木等，看哪一组最先完成全部任务，最先全部完成任务小组为胜。

图 6-6　一起去探险

（3）指导与建议

① 可以增加不同的探险区域，以丰富练习内容。

② 注意安全保护。

（二）团队操控技能类

1. 毛毛虫传球（图 6-7）

（1）游戏准备

皮球、空旷的场地或跑道。

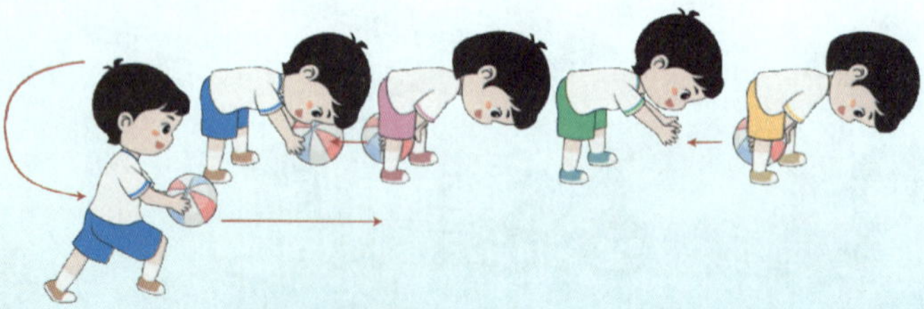

图 6-7　毛毛虫传球

（2）游戏方法

多名幼儿站成一路纵队，两脚开立。第一名幼儿手持皮球，从胯下将球传给下一名幼儿，下一名幼儿接到球后再从胯下传给另一名幼儿，如此重复向后传。当最后一名幼儿接到球时，持球快速跑到最前面担任排头继续向后传球，如此重复。第一名幼儿在排尾接到球后再次回到排头位置时游戏结束。

（3）指导与建议

① 每组幼儿人数不能少于 10 名，不能多于 20 名。

② 可以尝试不同位置传球，如从头上传等。

2. 快乐沙包（图 6-8）

（1）游戏准备

沙包、玩具筐、跑道等。

（2）游戏方法

将幼儿分成人数相同的若干小组，并分别站在起点线后，每组一个玩具筐，筐内放置沙包。每组面对的终点处放置一个空的玩具筐。游戏开始时，每名幼儿从玩具筐中取一个沙包，用双脚夹着沙包向前做跳跃动作，快到终点处时用双脚将沙包投进玩具筐。投完后，回到队尾，再拿一个沙包，准备下一次投沙包。在规定时间内，看哪一组终点处的玩具筐里沙包最多，最多者为胜。

图 6-8　快乐沙包

（3）指导与建议

① 游戏距离在 10 米左右。

② 可以尝试夹不同的物品，如小皮球等。

（三）团队粗大动作类

1. 躲避球（图 6-9）

（1）游戏准备

皮球、空旷的场地等。

（2）游戏方法

将幼儿分成人数相等的两组，一组围成一个圈，另一组在圈里面。围圈的幼儿滚动手中皮球击打圈中幼儿的腿或脚，若被击中或跳出场地的边界线，则被判出局。

图 6-9 躲避球

（3）指导与建议

① 根据幼儿人数确定圈的大小。

② 可同时用一个或两个皮球。

③ 注意安全，如要用较软的皮球、规定只能进行地滚球等。

2. 螃蟹运球（图 6-10）

（1）游戏准备

皮球、跑道等。

（2）游戏方法

每两名幼儿一组，背对背、手臂挽手臂扮演“小螃蟹”，然后两人用背部夹住皮球，像“螃蟹”样横向移动，把皮球从起点运到终点处。看哪一组幼儿在规定时间内运球最多，或者看哪一组幼儿运球速度最快。

（3）指导与建议

① 起点至终点距离为 15 米左右。

② 比赛前的练习时间要充足，使幼儿熟练掌握“螃蟹”运球技术。

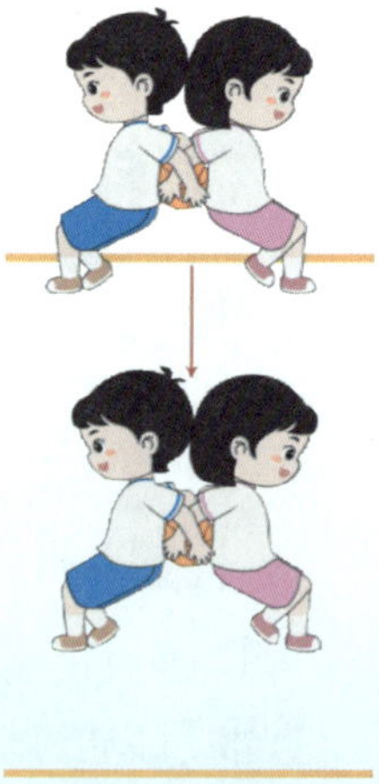

图 6-10 螃蟹运球

3. 小袋鼠玩跳棋（图 6-11）

（1）游戏准备

纸砖。

（2）游戏方法

将幼儿（小袋鼠）分成人数相同的若干小组，并分别站在起点线后，每组起点与终点之间摆放大约 12 块纸砖。第一名幼儿跳到终点后，下一名幼儿再出发，看哪一组幼儿最先全部回到家。

图 6-11　小袋鼠玩跳棋

（3）指导与建议

① 尽量做连续的跳跃。

② 可以根据幼儿总人数设置每组人数和纸砖块数。

4. 跨栏小分队（图 6-12）

（1）游戏准备

椅子、皮筋、空旷的场地等。

（2）游戏方法

将幼儿分成人数相同的若干小组，并分别站在起点线后。将两端拴在椅子上的皮筋横在起点和终点之间。两把椅子距离约 5 米，皮筋高 30～40 厘米，共放置 3～5 根皮筋，前后皮筋距离 4～5 米。幼儿跑到皮筋时做助跑跨栏动作，跑到终点后从跨栏区外侧跑回，和下一名幼儿击掌，下一名幼儿击掌后继续跨栏。看哪一组幼儿最先全部完成跨栏练习。

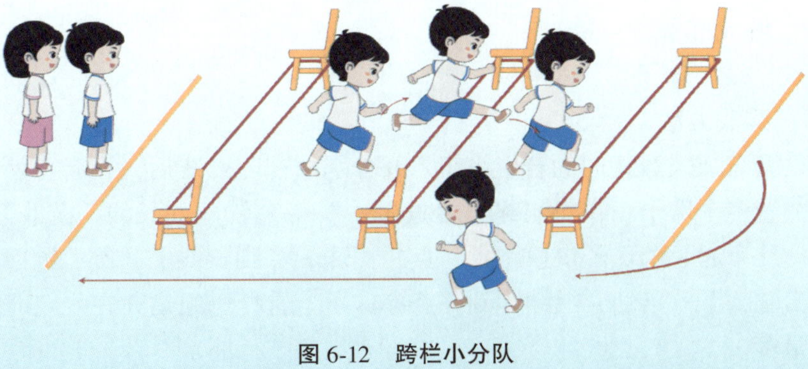

图 6-12　跨栏小分队

(3) 指导与建议

① 跨栏时尽量不要接触皮筋。

② 可以根据幼儿跨栏情况适当调整高度，增加练习难度。

(四) 团队精细动作类

1. 筷子夹食物（图 6-13）

(1) 游戏准备

筷子、玩具筐，以及“食物”，如乒乓球、小沙包等。

(2) 游戏方法

将幼儿分成人数相同的若干小组，每组里第一名幼儿手拿筷子，其余幼儿按顺序依次站在起点线后。在终点处放置玩具筐，筐里堆放乒乓球、小沙包等“食物”。比赛开始后，第一名幼儿快速跑到终点并用筷子夹回一个“食物”，然后把筷子交给下一名幼儿，继续夹回“食物”。看哪一组在规定时间内夹回的“食物”最多。

图 6-13　筷子夹食物

(3) 指导与建议

① 起点和终点之间的距离不宜超过 10 米。

② 尽量少放较难夹的圆滑的玩具，多放一些较容易夹的小玩具。

2. 穿珠子（图 6-14）

(1) 游戏准备

铁丝、线、珠子等。

(2) 游戏方法

将幼儿分成人数相同的若干小组，并分别站在起点线后，在起点处的玩具筐里面放置多个珠子，在每组终点处放置一头带有铁丝的长线。游戏开始后，第一名幼儿拿起一个珠子快速跑到终点并把珠子穿到长线上，然后跑回和下一名幼儿击掌，下一名幼儿继续跑到终点穿珠子。看哪一组幼儿在规定时间内穿的珠子最多。

图 6-14　穿珠子

(3) 指导与建议

① 起点和终点之间的距离为 10 米左右。

② 每组人数控制在 3~4 名。

二、竞争类

(一) 篮球团队游戏

1. 我是神投手（图 6-15）

(1) 游戏准备

篮球、篮筐、空旷的场地等。

(2) 游戏方法

将幼儿分成若干人数相同的小组，每组第一名幼儿拿一个篮球站在起点线后。游戏开始后，第一名幼儿快速持球跑到小篮筐下，进行一次投球，然后尽快返回和下一名幼儿击掌，下一名幼儿继续进行投篮。看哪一组幼儿在规定时间内投进的个数最多。

图 6-15　我是神投手

(3) 指导与建议

① 起点到篮筐距离不宜太远，5~8 米为宜。

② 可以将小篮筐换成其他目标物，以提高命中率，增加游戏积极性。

2. 接力运西瓜（图 6-16）

（1）游戏准备

篮球、玩具筐等。

（2）游戏方法

将幼儿分成人数相等的若干小组，每组排成一条直线，幼儿之间相隔 1.5 米左右。在每组起点处放置装有相同数量“西瓜”（篮球）的玩具筐，在终点处放置一个空的大玩具筐。游戏开始后，第一名幼儿拿起篮球抛给第二名幼儿，第二名幼儿再往下传，直到传到大玩具筐里。看哪一组最先把自己筐里的“西瓜”运送完。

图 6-16　接力运西瓜

（3）指导与建议

① 用双手抛接球，不能手递手传接球。

② 如果篮球不合适，也可以换成气排球等较软的球类。

（二）足球团队游戏

1. 足球小将（图 6-12）

（1）游戏准备

足球、小足球场、记分牌等。

图 6-17　足球小将

（2）游戏方法

将幼儿分成若干人数相等的小组，每组第一名幼儿拿一个足球站在射门点。射门点距离小球门 6~8 米。游戏开始后，第一名幼儿进行射门，射门后捡球并站到队伍尾端，下一名幼儿继续进行射门。看哪一组幼儿在规定时间内踢进球门的个数最多。

(3) 指导与建议

① 每组幼儿不宜过多，4~6 名为宜。

② 注意让幼儿左右脚交替踢球。

2. 接力踢球（图 6-18）

(1) 游戏准备

足球、空旷的场地等。

(2) 游戏方法

将幼儿分成人数相等的若干小组，每组幼儿围成一个圆，幼儿之间相隔 3 米左右。游戏开始后，第一名幼儿将足球传给第二名幼儿，第二名幼儿再往下传，直到又传到第一名幼儿。看哪一组幼儿最先完成踢球一圈的任务。

图 6-18　接力踢球

(3) 指导与建议

① 每组幼儿 3~6 名为宜，可以根据幼儿人数、场地大小适当调整围圈大小。

② 可以进行顺时针或逆时针不同方向的接力传球。

三、规则类

（一）"个体"与"全体"竞争的规则类游戏

1. 老鹰捉小鸡（图 6-19）

（1）游戏准备

空旷的场地。

（2）游戏方法

一名幼儿担任"老鹰"，一名幼儿担任"母鸡"，其余多名幼儿担任"小鸡"排在"母鸡"后面。游戏开始后，"老鹰"尽量突破"母鸡"的保护，抓到"小鸡"。如果"小鸡"被捉到，则担任新的"老鹰"，"老鹰"担任"母鸡"。其他规则：幼儿逐一拉住衣角不能松，"老鹰"只能捉最后一只"小鸡"。

图 6-19　老鹰捉小鸡

（3）指导与建议

①"母鸡"和"小鸡"保持在 6 名左右为宜。

② 游戏时间以 2~3 分钟一局为宜，注意游戏间安排休息。

2. "123"木头人（图 6-20）

（1）游戏准备

空旷的场地。

图 6-20　"123"木头人

（2）游戏方法

一名幼儿面对墙面或其他东西，背对多名幼儿，间隔距离较远，每当抓人者喊出"123 木头人"就马上转头看，背后的多名幼儿逐渐靠近并在听到"123 木头人"后立刻停止脚步，并保持身体静止。如果喊"123 木头人"的幼儿发现某个幼儿身体晃动或移动了，则该幼儿退回起点重新开始。当最前面的幼儿触及面对墙的幼儿后，所有背后者快速逃跑，同时抓人者立马转身追人，被抓到者面对墙重新开始游戏。注意：在听到“123 木头人”后，背后的幼儿整个身体都不能动。

（3）指导与建议

① 游戏人数不能太多，场地要足够大，保证安全。

② 注意提醒喊“123 木头人”的幼儿声音要大。

（二）以小组为单位进行的规则类游戏

主要介绍捕鱼游戏（图 6-21）。

1. 游戏准备

较为空旷的场地。

2. 游戏方法

两名幼儿为“渔夫”，手牵手组成一张“渔网”，其他幼儿为“小鱼”，“小鱼”只能在规定的场地“池塘”内跑动。“渔夫”手牵手快速跑动，“渔网”网到哪位幼儿，哪位幼儿就变成“渔夫”，和原来的“渔夫”手牵手结成新的“渔网”，继续捕鱼，直到最后一个幼儿被抓到。注意：“小鱼”跑出“池塘”，也要变成“渔夫”。

图 6-21　捕鱼

3. 指导与建议

（1）场地不能太小，要给“小鱼”跑的空间。

（2）提醒“小鱼”可以钻过渔网，即从牵着的手下穿过。

第二节　心理发展类游戏

心理发展类游戏活动是幼儿园体育活动的重要组成部分，它通过进行系统的游戏活动，在促进幼儿身体机能发展的同时为促进幼儿心理健康奠定基础。通过参与心理发展类游戏活动，在提高幼儿的速度、力量、耐力等身体素质的同时，注重培养幼儿敢于冒险、敢于挑战、勇于竞争、坚持不懈等优秀心理品质，为幼儿未来阶段的学习和生活打下良好的身体和心理基础。

一、挑战类

（一）极限跳伞（图 6-22）

1. 游戏准备

小椅子或小凳子、软垫、跳箱等。

2. 游戏方法

让幼儿从较高的箱子或凳子上跳下，起跳时双手伸展保持平衡，落地时膝关节弯曲、双手扶地进行缓冲。

图 6-22　极限跳伞

3. 指导与建议

（1）注意让幼儿落在较软的垫子上，老师在落地点进行帮扶。

（2）根据每个幼儿的年龄、身高、前期练习经验等设置箱子或凳子的高度，循序渐进，使高度稍稍高于幼儿能够接受的高度。

（3）老师及时给予幼儿鼓励，特别是对小班幼儿或容易胆怯的幼儿加强鼓励和引导。

（二）跨栏大明星（图 6-23）

1. 游戏准备

小椅子或小凳子、皮筋等。

2. 游戏方法

把皮筋绑在两个凳子上，凳子距离约 4 米，皮筋高 20~50 厘米。让幼儿站在皮筋前，尽力用双脚或单脚跨过皮筋，如果需要也可以进行助跑。

图 6-23　跨栏大明星

3. 指导与建议

（1）注意皮筋不要太紧，以免拉倒凳子。

（2）根据每个幼儿的年龄、身高、前期练习经验等设置皮筋的高度循序渐进，使高度稍稍高于幼儿能够接受的高度。

（3）老师及时给予幼儿鼓励，特别是对小班幼儿或容易胆怯的幼儿加强鼓励和引导。

（三）攀爬绳梯（图 6-24）

1. 游戏准备

绳梯、木箱、椅子等。

2. 游戏方法

幼儿以攀登或爬行的方式越过不同高度、不同倾斜度的绳梯。

3. 指导与建议

（1）绳梯难度逐渐增加，不要一开始就太难。

（2）在游戏中，老师多鼓励幼儿，如有必要，老师可实施帮助，扶着幼儿攀爬。

（3）老师注意保护幼儿，安全第一。

图 6-24　攀爬绳梯

（四）穿越“阵地”（图 6-25）

1. 游戏准备

绳子、椅子或凳子、丝带等。

2. 游戏方法

将绳子、丝带等物品纵横交错拴在椅子或凳子上，高度约为 50 厘米，组成一个长 6~10 米、宽 3~5 米的“阵地”，下面铺上软垫，让幼儿以匍匐前进的形式穿过“阵地”。

图 6-25 穿越“阵地”

3. 指导与建议

（1）尽量以匍匐的形式前进，如果完不成也可以用爬行。

（2）尽量一次性通过“电网”。

（五）走平衡木（图 6-26）

1. 游戏准备

平衡木、独木桥等。

2. 游戏方法

让幼儿走不同高度、不同宽度的平衡木。走平衡木时，两手臂伸展保持平衡，眼看横木，用脚的正中间踩横木的中间，双脚慢慢依次交替向前迈步。如果不敢迈步，也可以向前慢慢挪步。

图 6-26 走平衡木

3. 指导与建议

（1）平衡木不宜太长，最好在 3 米左右。

（2）对于年龄较小的幼儿可以使用较宽、较矮的平衡木；对于年龄较大的幼儿可以适当加高平衡木，也可以适当换较窄的平衡木。

（3）平衡木两侧放置软垫进行保护，老师跟随幼儿，鼓励并随时保护幼儿。

（六）滚木桶（图 6-27）

1. 游戏准备

大木桶、空旷的场地等。

2. 游戏方法

让幼儿站在直径约 0.6 米、高约 1.5 米的木桶（或其他桶）上面，用双脚移动的方式保持平衡，并随木桶一起前进或后退。

图 6-27 滚木桶

3. 指导与建议

（1）开始阶段特别是对于年龄较小的幼儿可以在帮扶下多练习原地站立或慢慢移动木桶。

（2）没有木桶的话，也可以用其他较适宜的圆柱体代替。

（3）老师在开始阶段一定要做好保护措施。

（七）我是投弹手（图 6-28）

1. 游戏准备

沙包、矿泉水瓶等。

2. 游戏方法

将幼儿分成人数相同的若干小组，在每个小组的起点处放置一些沙包，在每个小组的终点处放置多个矿泉水瓶。比赛开始后看哪一组幼儿最先将本组的矿泉水瓶全部击倒。

图 6-28　我是投弹手

3. 指导与建议

（1）可以逐渐增加难度，如逐渐增加终点的距离等。

（2）每组人数不要太多，以增加运动量。

（八）玩保龄球（图 6-29）

1. 游戏准备

足球、矿泉水瓶等。

2. 游戏方法

将幼儿分成人数相同的若干小组，每个幼儿一个足球，终点处放置由多个矿泉水瓶组成的“保龄球组”，幼儿踢球将矿泉水瓶击倒，看哪一组幼儿在规定时间内击倒的“保龄球”最多。

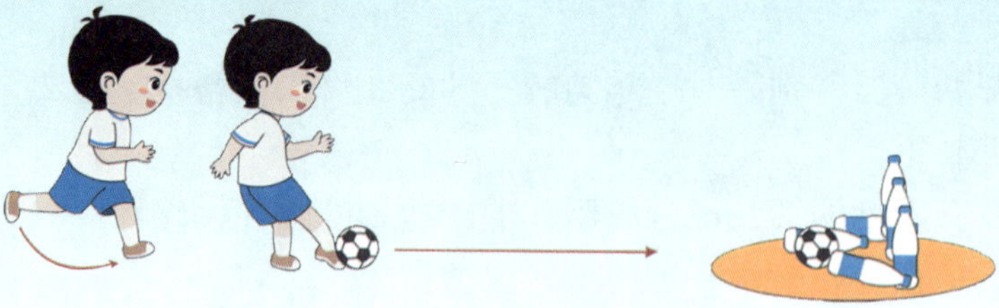

图 6-29　玩保龄球

3. 指导与建议

（1）低年龄的幼儿在进行游戏时，球位置与“保龄球组”的距离近一些；年龄稍大的幼儿在进行游戏时，球位置与“保龄球组”的距离可适当远一些。

（2）注意让幼儿左右脚交替进行。

（3）每组人数不要太多，以增加运动量。

二、认知类

（一）小小交通指挥员（图 6-30）

1. 游戏准备

童车、指示牌、指示灯等。

2. 游戏方法

老师提前让幼儿熟悉若干主要交通标识，然后每个幼儿骑一辆童车，老师在最前方手持“绿灯”“红灯”“左转”“右转”“掉头”等图标，幼儿根据老师手中的图标进行骑行的练习。

图 6-30　小小交通指挥员

3. 指导与建议

（1）老师手中的图标要大，要容易辨识。

（2）可以尝试让幼儿担任交通员。

（二）模仿比赛（图 6-31）

1. 游戏准备

动物视频或图片。

2. 游戏方法

老师提前给幼儿观看不同动物走、跑、跳、爬的视频或图片。练习时，所有幼儿分组站在起跑线后，老师在旁边随机展示某一动物的图片，然后每组第一个幼儿模仿该图片中的动物前进到终点。接着，老师再次随机展示图片，每组第二个幼儿继续模仿动物奔跑或跳跃，如此继续，直到所有幼儿都完成。

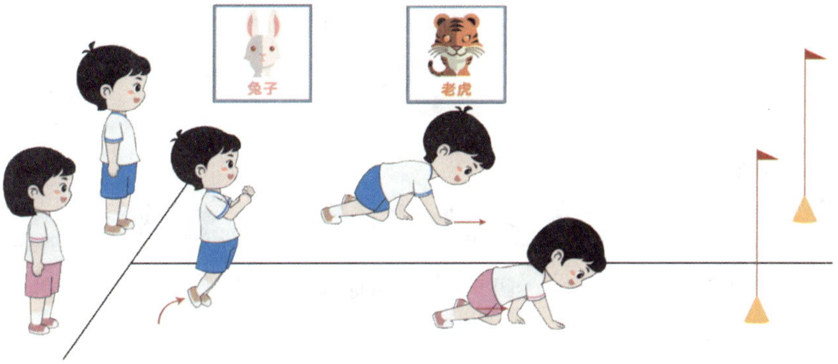

图 6-31　模仿比赛

3. 指导与建议

（1）老师可以用不同的方式展示动物，如用图片展示动物身体的某个部位、叫出动物的名字、播放动物的声音等，让幼儿以不同的方式感知。

（2）动物种类尽量多，前进方式最好包括爬行、跳跃、奔跑等，能够多方面锻炼幼儿。

（三）正反口令（图 6-32）

1. 游戏准备

小场地、小红花等。

2. 游戏方法

老师带领幼儿熟悉“立正”和“蹲下”口令，并带领大家根据口令进行立正和蹲下的练习。比赛时，老师告诉幼儿要进行反口令练习，即听到“立正”时蹲下，听到“蹲下”时立正。每一轮做正确的幼儿将得到一朵小红花，看最后谁的小红花最多。

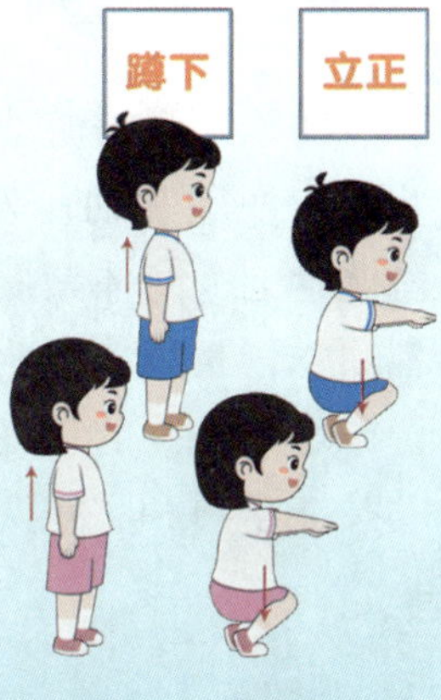

图 6-32　正反口令

3. 指导与建议

（1）老师的口令要响亮和清晰。

（2）可以变换多种口令，如跨立、坐下等。

（四）我做你学（图 6-33）

1. 游戏准备

小红花、小场地等。

2. 游戏方法

将所有幼儿分成人数相等的若干小组，每组站成一路纵队，由每组第一位幼儿先做一个动作，然后第二位幼儿模仿第一位幼儿的动作，第三位模仿第二位的，后面依次模仿。看哪一组幼儿最后模仿得最像，哪组就获胜。

图 6-33　我做你学

3. 指导与建议

（1）提醒幼儿动作不要太简单。

（2）模仿的动作对还未轮到模仿的幼儿要保密。

第三节　体能增强类游戏

体能增强类游戏活动是幼儿园体育活动的重要组成部分，目的是根据幼儿身心发展和动作发展的特点，从力量、速度、耐力、柔韧、灵敏、平衡、协调这七大身体素质出发设计相应的游戏内容，在游戏的过程中锻炼幼儿的各项身体素质，提升幼儿的基本活动技能，促进幼儿的体格发育和智力发育，增强幼儿的免疫力与社会适应能力。幼儿体能的增强也能为其以后的运动技能学习和文化课程学习奠定身体基础。

一、力量素质游戏

（一）小小大力士（上肢力量）（图 6-34）

1. 游戏目的

帮助幼儿学会拉的动作，增强幼儿的上肢力量。

2. 游戏对象

幼儿小班。

3. 游戏准备

长绳、海绵正方体箱子。

4. 游戏方法

将幼儿分为人数相同的若干小组，排队站在标志线后，每组一根长绳，长绳的一端系在海绵正方体箱子上。游戏开始后，全体幼儿拿起绳子用力向后拉，率先将箱子拉过标志线的小组获胜。

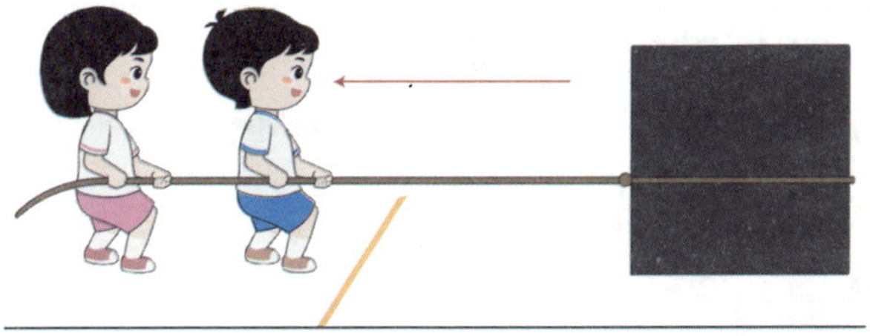

图 6-34　小小大力士

5. 指导与建议

（1）为锻炼幼儿的上肢力量，可采用不同姿势的拉动方式，增加幼儿的运动兴趣。

（2）根据幼儿的能力，选择质量合适的箱子。

（二）排山倒海（上肢力量）（图 6-35）

1. 游戏目的

帮助幼儿学会推的动作，增强幼儿的上肢力量。

2. 游戏对象

幼儿小班。

3. 游戏准备

海绵正方体箱子。

4. 游戏方法

把幼儿分为人数相同的若干小组，每组第一位幼儿用双手把海绵正方体箱子推滚至标志线后交给对面的第二位幼儿，第二位幼儿用同样的方法把箱子推滚返回交给第三位幼儿，以此类推，率先完成的小组获胜。

图 6-35　排山倒海

5. 指导与建议

（1）推滚箱子的距离建议设置为 10~15 米，为了增加游戏难度，可以在行进路线上设置障碍物，变为曲线向前行进。

（2）推滚箱子的时候，老师可以提醒幼儿推箱子的上部及双手用力的方向，有利于幼儿学会推的动作，从而增强上肢力量。

（3）根据幼儿的能力，选择质量合适的箱子。

（三）抢滩登陆（上肢力量）（图 6-36）

1. 游戏目的

帮助幼儿学会上肢支撑的动作，增强幼儿的上肢力量。

2. 游戏对象

幼儿中班。

3. 游戏准备

纸杯、定位圈、垫子。

4. 游戏方法

把幼儿分为两人一组，面对面趴在垫子上，先用双手将上身撑起。游戏开始后，幼儿用一只手将面前的“装甲车”（用纸杯代替）移动到自己身体一侧的领地上。两人同时开始，每次只允许移动一辆“装甲车”，直到“装甲车”全部移完，领地上的“装甲车”多的一方获胜。

图 6-36　抢滩登陆

5. 指导与建议

（1）在移动“装甲车”时，幼儿应采用单手支撑，肘关节不能弯曲。

（2）可以通过调整领地的位置改变游戏难度。

（3）可以变换领地的左右位置，要求幼儿分别用左右手去争夺“装甲车”从而使其上肢力量协调发展。

（四）海狮上台（上肢力量）（图 6-37）

1. 游戏目的

帮助幼儿学会跳撑动作，增强幼儿的上肢力量。

2. 游戏对象

幼儿中班。

3. 游戏准备

海绵高台。

4. 游戏方法

幼儿作为“小海狮”，在老师指定放有高台的区域内进行自由慢跑，听到老师哨音后迅速找到高台并跳撑上去（高台数量比人数少一个），没有找到高台的“小海狮”将被老师捉上岸来，然后减少一个高台，继续进行游戏，以此类推，直到剩下最后一只“小海狮”为止。

图 6-37 海狮上台

5. 指导与建议

（1）游戏前，老师应先教会幼儿高台支撑动作。

（2）老师可以根据幼儿的能力来控制幼儿支撑的时间。

（3）为了增加游戏难度，可以采用每只“小海狮”配一个高台的方法，听到哨音后所有“小海狮”同时支撑，坚持到最后的“小海狮”获胜。

（4）为增加游戏的趣味性，老师可以提前准备小海狮头套、驯兽师服装等。

（五）过索桥（上肢力量）（图 6-38）

1. 游戏目的

帮助幼儿学会拉的动作，增强幼儿的上肢力量。

2. 游戏对象

幼儿大班。

3. 游戏准备

长绳、抱枕。

4. 游戏方法

将幼儿分成人数相同的若干小组，老师把每一组的长绳两端进行固定，每组第一位幼儿平躺在绳子的下方，将抱枕置于头后。游戏开始后，第一位幼儿用双手拉动绳索移动到另一端，然后将抱枕送回至起点交给第二位幼儿，第二位幼儿完成相同的练习，以此类推，率先完成的小组获胜。

图 6-38　过索桥

5. 指导与建议

（1）考虑到衣服与地面的摩擦力，可以在身下放置滑板。

（2）为保障幼儿的安全，在两端用抱枕或软垫进行保护。

（3）绳子两端距离建议设置为 10~15 米，也可以根据幼儿的能力进行适当调整。

（六）单杠飞人（上肢力量）（图 6-39）

1. 游戏目的

帮助幼儿学会悬垂的动作，增强幼儿的上肢力量。

2. 游戏对象

幼儿大班。

3. 游戏准备

单杠。

4. 游戏方法

图 6-39　单杠飞人

老师进行单杠飞人的动作示范：双手抓住单杠，双脚离开地面开始起飞，双脚落地则为降落。老师依次帮助幼儿完成单杠飞人游戏，并计时，保持时间最长的飞人获胜。

5. 指导与建议

（1）为增加游戏难度，在单杠悬垂的同时，可以要求幼儿完成团身或举腿等动作。

（2）给予幼儿适当的鼓励，增强幼儿的自信心，提高其单杠悬垂能力。

（七）青蛙搬家（下肢力量）（图 6-40）

1. 游戏目的

帮助幼儿学会蛙跳的动作，增强幼儿的下肢力量。

2. 游戏对象

幼儿小班。

3. 游戏准备

定位圈、瑜伽砖或小物件。

4. 游戏方法

将幼儿分成人数相同的若干小组，每组第一位幼儿双手持瑜伽砖举过头顶站在起点线后。游戏开始，第一位幼儿蛙跳前行至终点，将手中的瑜伽砖放到定位圈内后跑步返回，第二位幼儿在第一位幼儿返回后完成相同的练习，以此类推，率先完成的小组获胜。

图 6-40　青蛙搬家

5. 指导与建议

（1）起点与终点的距离建议设置为 10~15 米，也可以根据幼儿的能力适当调整距离。

（2）游戏前，老师应先指导幼儿学会蛙跳动作。

（3）为增加游戏难度，可以在路线上设置障碍物，让幼儿蛙跳通过障碍物，最后抵达终点。

（八）矮人、高人、超人（下肢力量）（图 6-41）

1. 游戏目的

提高幼儿的口令意识，完成半蹲慢走、并脚跳前行，增强幼儿的下肢力量。

2. 游戏对象

幼儿小班。

3. 游戏准备

定位圈。

4. 游戏方法

老师组织幼儿在指定范围内慢跑，当听到“矮人”口令时，幼儿进行半蹲慢走，当听到“高人”口令时，幼儿恢复成慢跑，当听到“超人”口令时，幼儿进行并脚跳前行。出现错误的幼儿，原地完成蹲起一次。

图 6-41　矮人、高人、超人

5. 指导与建议

（1）游戏前，老师应先指导幼儿学会半蹲走和并脚跳前行动作。

（2）老师根据幼儿的能力调整练习的密度。

（九）飞龙在天（下肢力量）（图 6-42）

1. 游戏目的

（1）帮助幼儿学会转身并脚跳的动作，增强幼儿的下肢力量。

（2）要求配合完成游戏，提升幼儿的团队合作能力。

2. 游戏对象

幼儿中班。

3. 游戏准备

标志线、定位盘若干。

4. 游戏方法

将幼儿分成两人一组，在线的两边面对面站立在定位盘上，双手相握。

游戏开始后，当听到老师喊出“飞龙在天”的口令时，两人同时起跳交换位置，连续进行，直到老师宣布游戏结束为止。

图 6-42　飞龙在天

5. 指导与建议

（1）老师可以根据幼儿的能力，先进行转身并脚跳 90°练习，然后再增加难度，完成转身并脚跳 180°练习。

（2）老师提醒相互配合的两位幼儿注意协同发力。

（十）跳跃风火轮（下肢力量）（图 6-43）

1. 游戏目的

帮助幼儿学会开合跳的动作，增强幼儿的下肢力量。

2. 游戏对象

幼儿中班。

3. 游戏准备

定位圈若干、标志杆。

4. 游戏方法

老师布置场地，将定位圈按照 1212 的顺序进行排列，组成“风火轮”。将幼儿分成人数相等的若干小组，每组第一位幼儿站在起点线后。游戏开始后，第一位幼儿进行开合跳通过“风火轮”，完成后绕过终点的标志杆跑步返回与第二位幼儿击掌，第二位幼儿击掌后完成相同的练习，以此类推，率先完成的小组获胜。

图 6-43　跳跃风火轮

5. 指导与建议

（1）游戏前，老师应先指导幼儿学会开合跳动作。

（2）老师根据幼儿的能力调整定位圈之间的距离。

（十一）袋鼠跳（下肢力量）（图 6-44）

1. 游戏目的

帮助幼儿学会跳袋的动作，增强幼儿的下肢力量。

2. 游戏对象

幼儿大班。

3. 游戏准备

袋鼠跳袋若干、标志杆。

4. 游戏方法

将幼儿分成人数相同的若干小组，每组第一位幼儿身穿袋鼠跳袋，站在起点线后。游戏开始后，第一位幼儿双手拉住袋鼠跳袋，跳跃绕过终点标志杆后返回与第二位幼儿击掌，第二位幼儿击掌后完成相同的练习，以此类推，率先完成的小组获胜。

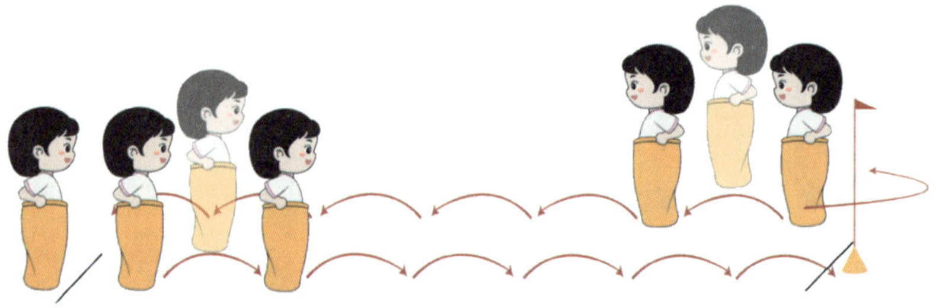

图 6-44　袋鼠跳

5. 指导与建议

（1）游戏前，老师应先指导幼儿学会袋鼠跳袋练习。

（2）起点与终点的距离建议设置为 10~15 米，也可以根据幼儿的能力适当调整。

（十二）单足跳跳虎（下肢力量）（图 6-45）

1. 游戏目的

帮助幼儿学会单脚连续跳跃的动作，增强幼儿的下肢力量。

2. 游戏对象

幼儿大班。

3. 游戏准备

标志杆。

4. 游戏方法

将幼儿分成人数相等的若干小组，每组第一位幼儿站在起点线后。游戏开始后，第一位幼儿用单脚跳至终点，绕过标志杆后换脚进行单脚跳返回并和第二位幼儿击掌，第二位幼儿击掌后完成相同的练习，以此类推，率先完成的小组获胜。

图 6-45　单足跳跳虎

5. 指导与建议

（1）游戏前，老师应先指导幼儿学会单脚连续跳跃动作。

（2）起点与终点的距离建议设置为 10~15 米，也可以根据幼儿的能力适当调整。

（十三）小小搬运工（躯干力量）（图 6-46）

1. 游戏目的

帮助幼儿学会坐位转体的动作，增强幼儿腹部核心力量。

2. 游戏对象

幼儿小班。

3. 游戏准备

瑜伽砖、定位圈。

4. 游戏方法

将幼儿分成人数相等的若干小组，老师组织幼儿左右间隔一臂坐下。游戏开始后，第一位幼儿用双手将身体一侧的瑜伽砖移至身体另一侧，第二位幼儿拿起第一位幼儿转移的瑜伽砖完成相同的动作，后面的幼儿重复动作进行接力，直到所有瑜伽砖均搬运至终点处为止，率先完成的小组获胜。

图 6-46 小小搬运工

5. 指导与建议

（1）游戏前，老师应先指导幼儿学会坐位转体动作。

（2）老师根据幼儿的能力选择搬运物体的质量与数量。

（十四）蚂蚁搬家（躯干力量）（图 6-47）

1. 游戏目的

帮助幼儿学会蚂蚁爬行的动作，增强幼儿腹部核心力量。

2. 游戏对象

幼儿小班。

3. 游戏准备

瑜伽砖或毛绒玩具、定位圈。

4. 游戏方法

把幼儿分成人数相等的若干小组，第一位幼儿四肢支撑在起点线后，在其背上放置玩具。游戏开始后，第一位幼儿在膝盖不着地的情况下爬行至终点处，放下玩具然后返回与第二位幼儿击掌，第二位幼儿击掌后完成相同的练习，直到所有玩具运输完毕为止，率先完成的小组获胜。

图 6-47 蚂蚁搬家

5. 指导与建议

（1）选择能稳定放置在背部的器材或玩具。

（2）起点与终点的距离建议设置为 5~10 米。

（3）提醒幼儿用腹部发力控制身体平衡。

（十五）小小投石车（躯干力量）（图 6-48）

1. 游戏目的

帮助幼儿学会仰卧起坐动作，增强幼儿腹部核心力量。

2. 游戏对象

幼儿中班。

3. 游戏准备

垫子、玩具。

4. 游戏方法

将幼儿分成两人一组，一位幼儿屈膝平躺在垫子上，另一位幼儿压住平躺幼儿的双脚。游戏开始后，平躺在垫子上的幼儿双手持玩具并用腹部发力将上体带起，同时将玩具投向远方，投完后交换另一名幼儿进行，投得最远的一组获胜。

图 6-48　小小投石车

5. 指导与建议

（1）游戏前，老师应先指导幼儿学会仰卧起坐动作。

（2）应选用毛绒玩具、软式排球、皮球等轻重量的物体。

（十六）快乐运输员（躯干力量）（图 6-49）

1. 游戏目的

帮助幼儿学会仰卧举腿动作，增强幼儿腹部力量。

2. 游戏对象

幼儿中班。

3. 游戏准备

垫子、毛绒玩具或皮球。

4. 游戏方法

将幼儿分成两人一组，每组分配同样数量的毛绒玩具或皮球，一位幼儿平躺在垫子上，双手向后过头顶抓住另一位站在后面的幼儿的脚踝。游戏开始后，平躺在垫子上的幼儿用双脚夹住毛绒玩具或皮球向上抬起送给另一位幼儿，将所有的毛绒玩具或皮球夹完，最先完成的小组获胜。

图 6-49　快乐运输员

5. 指导与建议

（1）游戏前老师应指导幼儿学会仰卧举腿动作。

（2）运输的物体可以选用毛绒玩具、软式排球等轻质量的物体。

（十七）自行车快跑（躯干力量）（图 6-50）

1. 游戏目的

帮助幼儿学会仰卧蹬自行车动作，增强幼儿腹部核心力量。

2. 游戏对象

幼儿大班。

3. 游戏准备

垫子。

4. 游戏方法

老师组织幼儿平躺在垫子上，幼儿根据老师的口令抬腿做蹬踩自行车动作。跟随音乐的节奏或老师击掌的节拍进行蹬踩自行车游戏，音乐或击掌声停止时游戏结束。

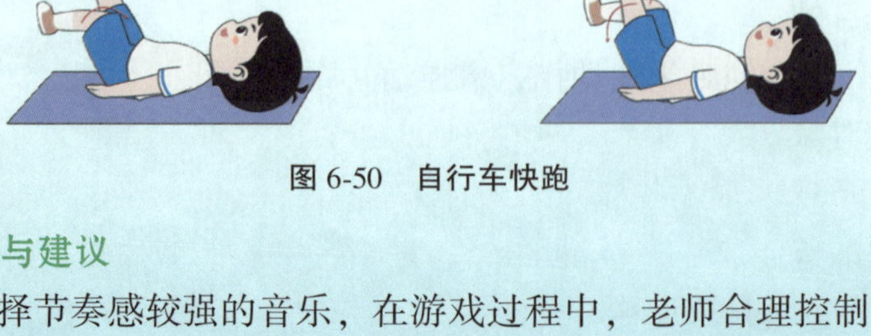

图 6-50　自行车快跑

5. 指导与建议

（1）选择节奏感较强的音乐，在游戏过程中，老师合理控制节奏，根据幼儿的能力安排休息的时间。

（2）可以加上数数来提高幼儿游戏的专注度，从而提高其运动兴趣。

（十八）夹豆子（躯干力量）（图 6-51）

1. 游戏目的

帮助幼儿学会举腿转腹动作，增强幼儿腹部核心力量。

2. 游戏对象

幼儿大班。

3. 游戏准备

垫子、毛绒玩具球。

4. 游戏方法

将幼儿分成人数相等的若干小组，老师组织幼儿左右间隔一臂坐下。游戏开始后，第一位幼儿将身体一侧的毛绒玩具球用脚夹至身体另一侧，第二位幼儿用脚夹住第一位幼儿转移过来的毛绒玩具球完成相同的动作，以此类推，直到所有毛绒玩具球均被转移至终点处为止。

图 6-51　夹豆子

5. 指导与建议

（1）游戏前，老师应先指导幼儿学会坐撑转体动作。

（2）老师可以根据幼儿的能力选用相应质量的物体。

（十九）夹纸板（小肌肉群力量）（图 6-52）

1. 游戏目的

帮助幼儿学会夹夹子的动作，增强幼儿手指小肌肉群力量。

2. 游戏对象

幼儿小班。

3. 游戏准备

夹子、纸板。

4. 游戏方法

将幼儿分成人数相等的若干小组，第一位幼儿手持夹子站在起点线后，终点处摆放纸板。游戏开始后，每组第一位幼儿迅速跑至终点，将手中的夹子夹在纸板画有夹子图案的位置上，然后返回与第二位幼儿击掌，第二位幼儿击掌后完成相同的练习，以此类推，率先完成的小组获胜。

图 6-52　夹纸板

5. 指导与建议

（1）老师事先准备好画有夹子图案的纸板，在游戏前先教会幼儿如何使用夹子。

（2）为增加游戏难度，可以将纸板悬挂在终点处。这样可以锻炼幼儿手指的灵活性，增强幼儿小肌肉群力量。

（二十）翻杯子（小肌肉群力量）（图 6-53）

1. 游戏目的

帮助幼儿学会翻手腕的动作，增强幼儿手腕小肌肉群力量。

2. 游戏对象

幼儿小班。

3. 游戏准备

长桌子、杯子。

4. 游戏方法

将幼儿分成人数相等的若干小组，每组第一位幼儿站在长桌子的一端，游戏开始后，第一位幼儿将桌子上摆放的所有杯子进行翻转，然后返回与第二位幼儿击掌，第二位幼儿击掌后完成相同的练习，以此类推，直到所有幼儿完成游戏为止。

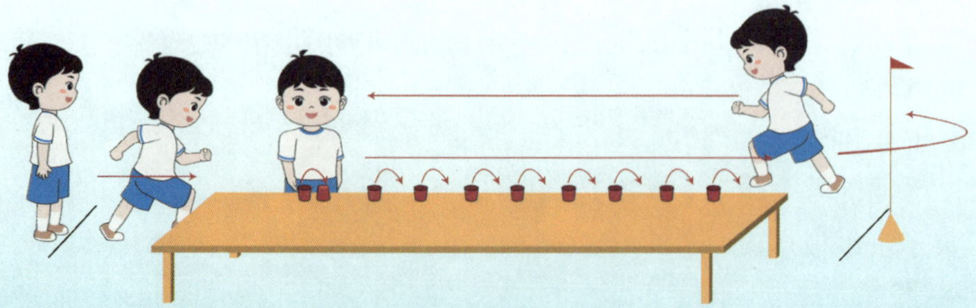

图 6-53　翻杯子

5. 指导与建议

（1）可以准备较长的桌子与不同大小的纸杯，提醒幼儿纸杯不能倒，从而锻炼幼儿手指和手腕的灵活性，增强幼儿小肌肉群力量。

（2）为增加游戏难度，可以将纸杯换成质量较大的木头杯子。

（二十一）钓鱼小能手（小肌肉群力量）（图 6-54）

1. 游戏目的

帮助幼儿学会手腕转动的动作，增强幼儿手腕小肌肉群力量。

2. 游戏对象

幼儿中班。

3. 游戏准备

竹竿、棉线、吸铁石（普通吸铁石和鱼形吸铁石）、广口瓶。

4. 游戏方法

老师准备器材，在竹竿的中间绑上棉线，棉线一端系上吸铁石。将幼儿分成人数相等的若干小组，每组第一位幼儿双手握住竹竿两端站在起点线后，终点处放置广口瓶，瓶中放有与每组幼儿人数相同的鱼形吸铁石。游戏开始后，第一位幼儿跑到终点后，用双手控制竹竿将系着吸铁石的棉线垂入广口瓶中，待鱼上钩后用双手转动竹竿使棉线完全缠绕到竹竿上，从而将鱼钓出，然后返回至起点与第二位幼儿击掌，第二位幼儿击掌后完成相同的练习，以此类推，率先将鱼全部钓完的小组获胜。

图 6-54　钓鱼小能手

5. 指导与建议

（1）起点与终点之间的距离建议设置为 5~10 米。

（2）可以在棉线上系上挂钩，瓶里放带孔的鱼，以此增加游戏难度，提高幼儿双手的控制能力，增强幼儿小肌肉群力量。

（二十二）神奇的吊车（小肌肉群力量）（图 6-55）

1. 游戏目的

帮助幼儿学会勾脚踝的动作，增强幼儿脚踝小肌肉群力量。

2. 游戏对象

幼儿中班。

3. 游戏准备

手提袋、小栏架。

4. 游戏方法

老师准备器材，在小栏架的一边放置手提袋，幼儿扶墙单脚站立，用另一只脚去勾住手提袋，将手提袋吊起，放到小栏架的另一边。然后换一只脚再将手提袋吊起，放到在原来的位置，直到老师宣布游戏结束为止。

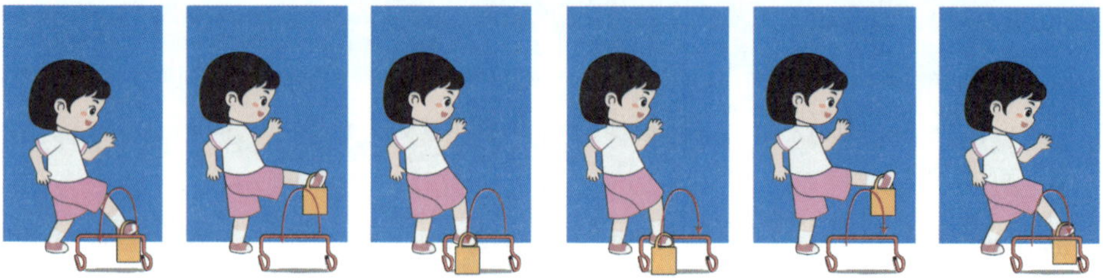

图 6-55　神奇的吊车

5. 指导与建议

（1）游戏可以从单手扶墙开始，然后过渡到独立单脚支撑完成游戏。

（2）可以在手提袋内放入物品，以此增加游戏难度，从而起到更好的锻炼效果。

（二十三）大摆锤（小肌肉群力量）（图 6-56）

1. 游戏目的

帮助幼儿学会颈部摆动的动作，增强幼儿颈部小肌肉群力量。

2. 游戏对象

幼儿大班。

3. 游戏准备

纸杯、头套、棉线、轻物。

4. 游戏方法

老师准备器材，将棉线的一端系在头套上，另一端系上轻物。将幼儿分成人数相等的若干小组，每组第一位幼儿戴好头套站在起点线后。游戏开始后，第一位幼儿从起点出发，俯身摆动头部，控制垂下的轻物，撞倒沿途摆放的纸杯，到达终点后，返回的过程中把纸杯摆放回原来的位置，然后与第二位幼儿击掌，第二位幼儿击掌后完成相同的练习，以此类推，率先完成的小组获胜。

图 6-56　大摆锤

5. 指导与建议

（1）起点与终点的距离建议设置为 10~15 米，可放置 10 个纸杯。

（2）老师在准备器材时，根据幼儿的能力选择垂下物体的质量。

（二十四）脚上高尔夫（小肌肉群力量）（图 6-57）

1. 游戏目的

帮助幼儿学会踢球的动作，增强幼儿下肢支撑和小腿的小肌肉群力量。

2. 游戏对象

幼儿大班。

3. 游戏准备

足球门、网球、球托。

4. 游戏方法

将幼儿分成人数相等的若干小组，每组第一位幼儿站在球托后方。游戏开始后，第一位幼儿用脚准确地将球托上的球踢进球门，然后把球再摆放回球托上，第二位幼儿接着完成相同的动作，以此类推，直到所有幼儿完成游戏，进球较多的小组获胜。

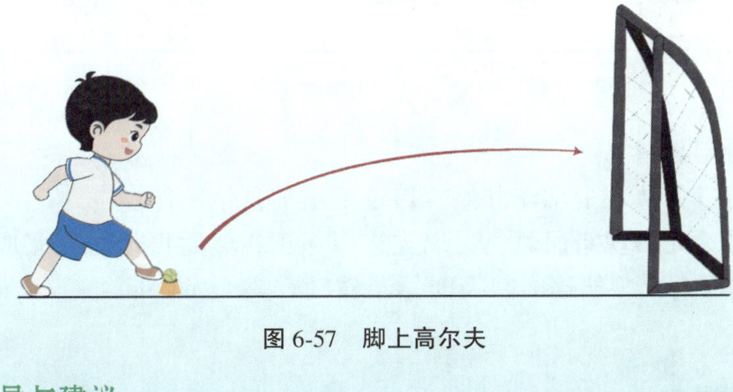

图 6-57　脚上高尔夫

5. 指导与建议

（1）为增加游戏难度，可以选择较小的球来完成。

（2）可以要求幼儿从扶墙单脚支撑踢球，过渡到不扶墙单脚支撑准确将球击出，以此来提高幼儿小肌肉群的力量。

二、速度素质游戏

（一）水果忍者（反应速度）（图 6-58）

1. 游戏目的

（1）理解游戏规则，按要求完成游戏。

（2）可以根据口令快速做出正确的动作，提高幼儿的反应速度。

2. 游戏对象

幼儿小班。

3. 游戏准备

定位圈。

4. 游戏方法

组织幼儿面向老师站立，双手交叉放于胸前。当听到老师发出“一个水果”的口令时，幼儿双手向前打开，同时喊出“切”。当听到老师发出“两个水果”的口令时，幼儿双手向前打开两次，同时喊出“切、切”，以此类推。当听到老师发出“一个炸弹”的口令时，幼儿并脚跳起一次。当听到老师发出“两个炸弹”的口令时，幼儿并脚跳起两次，以此类推。出现错误的幼儿，完成蹲起一次。

图 6-58　水果忍者

5. 指导与建议

（1）可以先从一个动作开始，再逐渐增加其他动作。

（2）当幼儿出现错误时，可以先进行纠正，然后再让幼儿完成蹲起。当所有幼儿均没有出现错误时，及时给予鼓励。

（二）香蕉、菠萝（反应速度）（图 6-59）

1. 游戏目的

（1）理解游戏规则，按要求完成游戏。

（2）可以根据口令快速做出正确的动作，提高幼儿的反应速度。

2. 游戏对象

幼儿小班。

3. 游戏准备

标志线，香蕉、菠萝图案。

4. 游戏方法

老师组织幼儿前后站立成一路纵队，在队伍的两边相隔 5 米处，分别画一根平行于队伍的长线，分别称为“香蕉”和“菠萝”。当老师喊出“香蕉”时，幼儿快速跑到香蕉的线上；反之，当老师喊“菠萝”时，幼儿快速跑到菠萝的线上。出现错误的幼儿，完成蹲起一次。

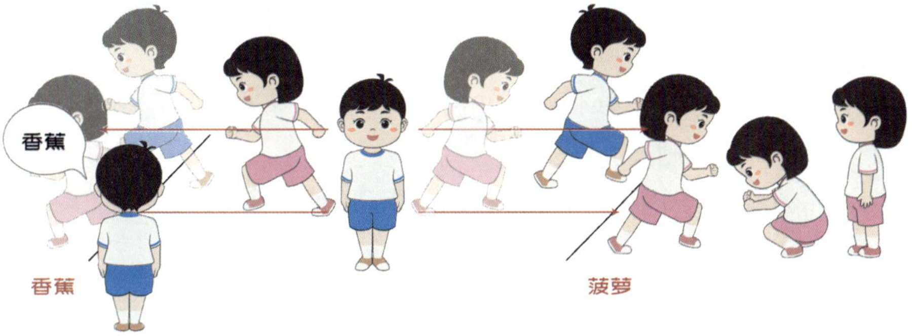

图 6-59　香蕉、菠萝

5. 指导与建议

（1）在游戏开始前，老师向幼儿讲解游戏规则。

（2）老师可以调整口令的音量，通过降低音量来提高幼儿的反应能力与注意力。

（三）交通信号灯（反应速度）（图 6-60）

1. 游戏目的

（1）理解游戏规则，按要求完成游戏。

（2）在游戏过程中，可以根据口令快速做出正确的动作，提高幼儿的反应速度。

（3）帮助幼儿认识交通信号灯，增加幼儿的社会常识。

2. 游戏对象

幼儿中班。

3. 游戏准备

标志线、交通信号灯。

4. 游戏方法

组织幼儿站在标志线后。游戏开始后，当老师手中亮出“绿灯”时，幼儿迅速向前跑动；当老师手中亮出“红灯”时，幼儿立刻停下来；当老师手中亮出“黄灯”时，幼儿原地跳起一次。出现错误的幼儿，完成蹲起一次。

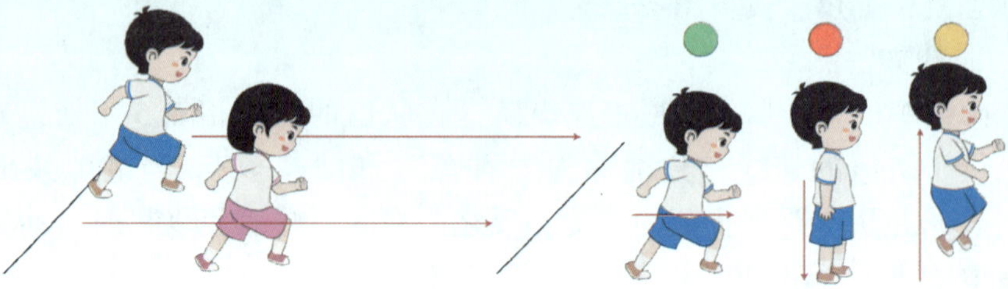

图 6-60　交通信号灯

5. 指导与建议

（1）在游戏开始前，老师给幼儿讲解“红灯”“黄灯”“绿灯”的作用，帮助幼儿理解游戏规则。

（2）在游戏过程中，老师提醒幼儿在跑动的时候抬头观察其手中的“红灯”“黄灯”“绿灯”。

（3）在游戏初期，老师可以通过发出“绿灯”“红灯”“黄灯”的口令来降低难度。

（四）猫捉老鼠（反应速度）（图 6-61）

1. 游戏目的

（1）理解游戏规则，按要求完成游戏。

（2）可以根据口令快速做出正确的动作，提高幼儿的反应速度。

（3）培养幼儿的课堂纪律性，提高幼儿的课堂注意力。

2. 游戏对象

幼儿中班。

3. 游戏准备

瑜伽砖、定位圈。

4. 游戏方法

“小猫”（老师）站在定位圈中，四周摆放“粮食”（以瑜伽砖代替）。“小老鼠”（幼儿）分别站在教室的四周，距离中心位置 5~10 米。游戏开始后，“小老鼠”在“小猫”不注意的情况下，将“粮食”搬回自己的定位圈中，被“小猫”抓住的“小老鼠”则需要蹲起一次。游戏结束后获得最多“粮食”的幼儿获胜。

图 6-61　猫捉老鼠

5. 指导与建议

（1）老师根据幼儿的能力适当调整移动速度。

（2）老师提醒幼儿在游戏过程中注意抬头观察，避免冲撞。

（3）为增加游戏难度，老师可以手持海绵棒进行抓捕。

（五）起床上学（反应速度）（图 6-62）

1. 游戏目的

（1）理解游戏规则，按要求完成游戏。

（2）可以根据口令快速做出正确的动作，提高幼儿的反应速度。

2. 游戏对象

幼儿大班。

3. 游戏准备

垫子、定位圈。

4. 游戏方法

将幼儿分成人数相等的若干小组，每组第一位幼儿躺在起点线后做好准备。游戏开始后，当老师发出“起床上学了”的口令时，每一位幼儿迅速爬起，跑至终点处站立在定位圈中。第二位幼儿完成相同的内容，以此类推，

图 6-62　起床上学

直到所有幼儿完成游戏为止。

5. 指导与建议

（1）锻炼幼儿的反应能力，在游戏初期，老师可以选用较为简单的姿势进行。

（2）为锻炼幼儿的课堂纪律性，在终点处须立正站好，保持队伍整齐与安静。

（3）为增强幼儿的注意力，老师喊口令的声音逐渐减小。

（六）颜色大战（反应速度）（图 6-63）

1. 游戏目的

（1）理解游戏规则，按要求完成游戏。

（2）可以根据指令快速做出正确的动作，提高幼儿的反应速度。

（3）培养幼儿的课堂纪律性，提高幼儿课堂的注意力。

（4）帮助幼儿认识颜色，提升幼儿辨别方向的能力。

2. 游戏对象

幼儿大班。

3. 游戏准备

定位圈、不同颜色的标志桶、标志盘。

4. 游戏方法

幼儿站在定位圈内，老师在幼儿的前后左右分别摆放四种颜色的标志桶。游戏开始后，老师举起某种颜色的标志盘，幼儿快速跑到相同颜色的标志桶处，触碰标志桶后返回定位圈内，继续抬头观察老师举起的标志盘，直到老师停止游戏为止。

图 6-63　颜色大战

5. 指导与建议

(1) 在游戏开始前，老师应教会幼儿认识颜色和辨别前后左右方向。

(2) 在游戏过程中，老师可从一个方向进行练习，然后过渡到两个方向，最后过渡到四个方向，循序渐进，从而提高幼儿的反应速度。

(七) 急速救援 (移动速度) (图 6-64)

1. 游戏目的

幼儿完成快速跑动，在最短的时间内抵达终点，增强幼儿的速度素质。

2. 游戏对象

幼儿小班。

3. 游戏准备

瑜伽砖、玩具熊、置物筐等。

4. 游戏方法

将幼儿分成人数相等的若干小组，在终点处摆放瑜伽砖、玩具熊等不同物品，起点处放置置物筐，幼儿在起点线后准备。游戏开始后，幼儿在规定时间内完成物品的运输，将终点的物品运回投入起点的置物筐内，运输物品最多的小组获胜。

图 6-64　急速救援

5. 指导与建议

(1) 起点与终点之间的距离建议设置为 10~15 米。

(2) 在游戏过程中提醒幼儿抬头观察，强调手臂摆动。

（八）灯塔守卫（移动速度）（图 6-65）

1. 游戏目的

幼儿快速跑动，在最短的时间内抵达终点，同时在途中完成快速翻动标志盘，增强幼儿的速度素质。

2. 游戏对象

幼儿小班。

3. 游戏准备

标志杆、标志桶、标志盘。

4. 游戏方法

将幼儿分成人数相等的若干小组，每组第一位幼儿站在起点线后。游戏开始后，第一位幼儿沿路线跑动，并把沿途标志桶上的标志盘翻个面，然后绕过终点的标志杆跑步返回与第二位幼儿击掌，第二位幼儿击掌后完成相同的练习，以此类推，率先完成的小组获胜。

图 6-65　灯塔守卫

5. 指导与建议

（1）老师根据幼儿的能力调整标志桶的个数，起点与终点之间的距离设置为10～15 米。

（2）从直线练习过渡到曲线练习，有利于幼儿增强速度素质。

（九）正义追逐（移动速度）（图 6-66）

1. 游戏目的

要求幼儿在最短的时间内完成追逐跑动游戏，增强幼儿的速度素质。

2. 游戏对象

幼儿中班。

3. 游戏准备

标志杆。

4. 游戏方法

将幼儿分成两人一组，分别站在起点线的后端。游戏开始后，当老师发出第一声口令时，第一位幼儿快速跑动；当老师发出第二声口令时，第二位幼儿快速追逐前一位幼儿。通过终点后，两位幼儿交换身份进行下一组追逐，追上的幼儿获胜。

图 6-66　正义追逐

5. 指导与建议

（1）老师将实力相当的两位幼儿分为一组，保证游戏的公平性。

（2）老师根据幼儿能力的不同来调整追逐间隔。起点至终点线之间的距离设置为 20~30 米。

（十）拯救小熊（移动速度）（图 6-67）

1. 游戏目的

要求幼儿在最短的时间内救出小熊，完成折返游戏，增强幼儿的速度素质。

2. 游戏对象

幼儿中班。

3. 游戏准备

瑜伽球、玩具熊。

4. 游戏方法

将幼儿分成人数相等的若干小组，每组第一位幼儿站在起点线后。游戏开始后，老师将“大石头”（用瑜伽球代替）推滚至玩具熊处，第一位幼儿在“大石头”触碰到玩具熊前，保护玩具熊躲避“大石头”，然后返回与第二位幼儿击掌，第二位幼儿击掌后完成相同的练习，以此类推，直到所有幼儿完成游戏为止。

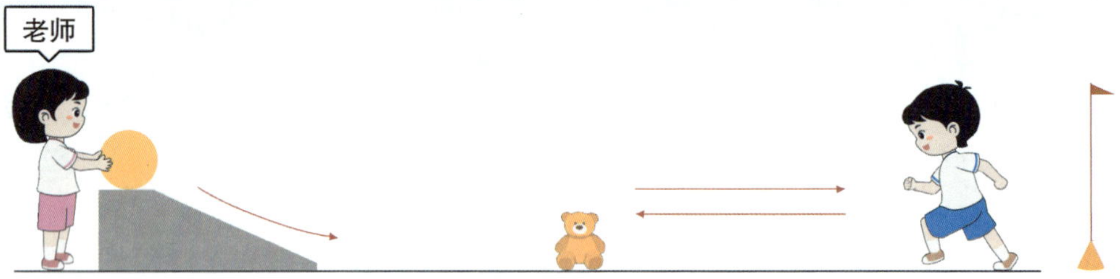

图 6-67　拯救小熊

5. 指导与建议

（1）老师控制瑜伽球的速度，不要过快。

（2）游戏前，老师教会幼儿前后摆臂动作，帮助其提高移动速度。

（3）老师提醒幼儿保护玩具熊的动作，提高幼儿急停能力。

（十一）天降红包（移动速度）（图 6-68）

1. 游戏目的

幼儿完成快速跑动，在最短的时间接住反弹的皮球，增强幼儿的速度素质。

2. 游戏对象

幼儿大班。

3. 游戏准备

篮球或网球。

4. 游戏方法

将幼儿分成人数相等的两组，每组第一位幼儿站在起点线后，老师双手各持一个球，站在离起点线 10～15 米的终点处。游戏开始后，老师发出“跑”的口令，同时将两个球向上抛起，两组的第一位幼儿听到口令后快速向前跑动，在球落地反弹后用双手接住。将接住的球还给老师后返回队尾，然后由两组的第二位幼儿进行游戏，直到所有幼儿完成游戏为止。

5. 指导与建议

（1）老师可以先从近距离练习开始，对于能力较弱的幼儿，在球反弹多次后接住。

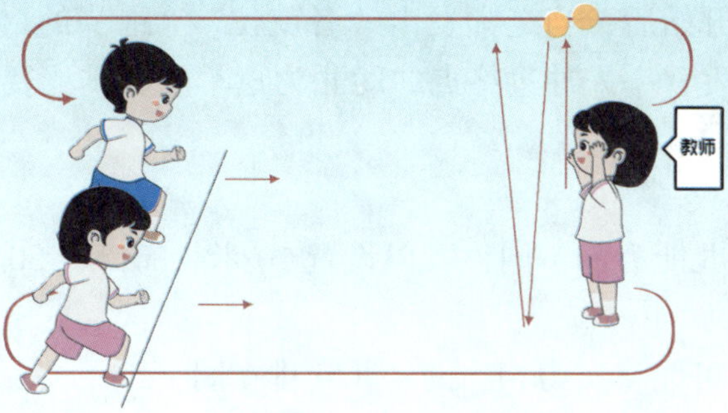

图 6-68　天降红包

（2）对于表现优异的幼儿，给予表扬。对于表现较差的幼儿，降低难度，增强其自信心。

（十二）我是冠军（移动速度）（图 6-69）

1. 游戏目的

要求幼儿在最短的时间内抵达终点，增强幼儿的速度素质。

2. 游戏对象

幼儿大班。

3. 游戏准备

标志杆。

4. 游戏方法

将幼儿分成人数相等的 3 列队伍，站在起点线后，每排三名幼儿为一个

图 6-69　我是冠军

比赛小组。游戏开始后，当老师发出“各就位”“跑”的口令时，第一排的三名幼儿同时出发，率先冲过终点的幼儿为冠军。后排比赛小组按规则依次进行速度比赛。

5. 指导与建议

（1）根据幼儿能力的不同，可以设置 20 米、30 米、50 米等不同距离的短跑比赛。

（2）老师尽可能将实力相当的幼儿安排在同一组。

三、耐力素质游戏

（一）捡豆子（图 6-70）

1. 游戏目的

（1）幼儿完成捡豆子游戏，在游戏中提高幼儿的耐力素质。

（2）培养幼儿坚持不懈的体育精神，促进幼儿身心健康发展。

2. 游戏对象

幼儿小班。

3. 游戏准备

乒乓球、置物筐、定位圈。

4. 游戏方法

老师在起点线和终点线后各放置一个置物筐，并在起点线后的置物筐内放置若干颗“豆子”（以乒乓球代替）。游戏开始后，幼儿捡起起点置物筐中的“豆子”，快速放到终点置物筐内，然后返回起点继续捡“豆子”，直到筐内的“豆子”捡完为止，率先捡完“豆子”的幼儿获胜。

图 6-70　捡豆子

5. 指导与建议

（1）根据幼儿的能力放置对应数量的乒乓球，起点与终点的距离建议设置为 10~15 米。

（2）在游戏过程中，老师鼓励幼儿尽可能不间断地完成，同时也要量力而行，确保幼儿耐力素质稳步提高。

（二）我爱逛商场（图 6-71）

1. 游戏目的

（1）幼儿可以坚持完成游戏，在游戏中提高幼儿的耐力素质。

（2）培养幼儿坚持不懈的体育精神，促进幼儿身心健康发展。

（3）帮助幼儿认识各类物品，使幼儿能根据物品的类型进行正确分类。

2. 游戏对象

幼儿小班。

3. 游戏准备

商店标签贴纸、商品贴纸、定位圈、瑜伽砖。

4. 游戏方法

老师在指定区域内设置服装店、食品店、玩具店、五金店等。老师安排幼儿在店与店之间来回跑动并带回所需要的物品（贴上贴纸的瑜伽砖），直到把老师要求将取回的各种物品全部放置于定位圈中。

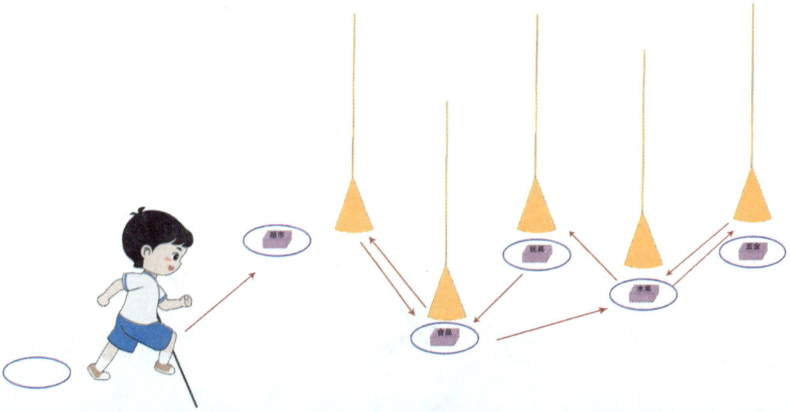

图 6-71　我爱逛商场

5. 指导与建议

（1）老师根据幼儿的能力安排折返的次数，可以从一点折返开始，再到两点折返，逐渐增加折返次数。

（2）游戏前，幼儿应学会辨别不同店面的名称及其对应的物品。

（3）遵守循序渐进原则，折返的距离建议控制在 10 米左右。

（三）神奇的绳子（图 6-72）

1. 游戏目的

（1）幼儿可以模仿出各类动作并能坚持完成，在游戏中提高幼儿的耐力素质。

（2）培养幼儿坚持不懈的体育精神，促进幼儿身心健康发展。

2. 游戏对象

幼儿中班。

3. 游戏准备

长绳。

4. 游戏方法

老师组织幼儿围绕着不同形状的绳子进行慢跑，发出相对应的口令，指导幼儿完成开合跳、爬行、左右并脚跳、向前跑、后退跑等组合练习。当老师发出“停”的口令时，幼儿完成急停动作。

图 6-72　神奇的绳子

5. 指导与建议

（1）老师可以先引入一个动作进行重复练习，待幼儿熟悉后再加入新的动作。

（2）老师根据幼儿的能力决定游戏持续的时间及动作的次数与组数。

（四）木头人（图 6-73）

1. 游戏目的

（1）幼儿可以模仿出各类动作并能坚持完成，在游戏中提高幼儿的耐力素质。

（2）培养幼儿坚持不懈的体育精神，促进幼儿身心健康发展。

（3）通过口令的调动，培养幼儿的口令意识，提高幼儿的课堂注意力。

2. 游戏对象

幼儿中班。

3. 游戏准备

标志杆、定位圈。

4. 游戏方法

老师组织幼儿在指定区域内慢跑，当老师发出“下蹲木头人”的口令时，幼儿进行马步蹲并保持20秒；当老师发出“跑步走”的口令时，幼儿进行慢跑并保持20秒；当老师发出“俯撑木头人”的口令时，幼儿双手撑地呈平板支撑姿势。老师鼓励幼儿坚持完成所有练习。

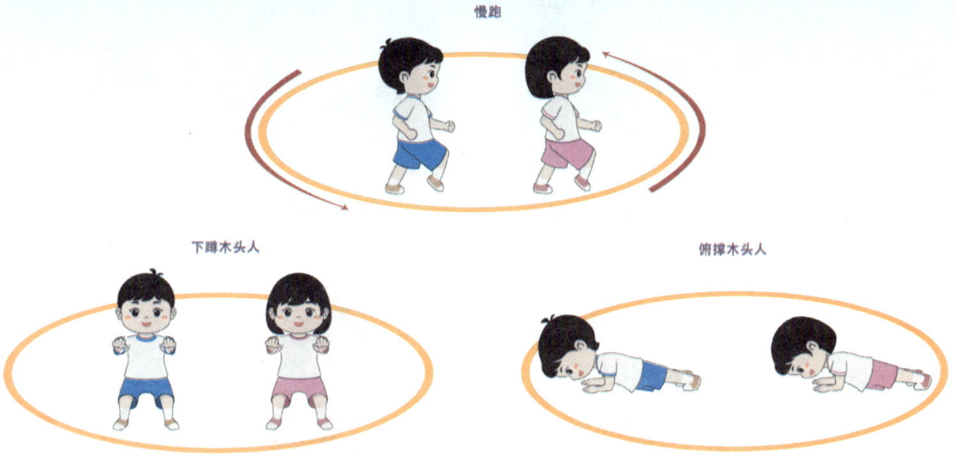

图6-73　木头人

5. 指导与建议

（1）老师从单个动作开始教起，待幼儿能够熟练完成后再加入新的动作。

（2）游戏前，幼儿应该学会马步蹲和平板支撑动作。

（3）可以先从较短时间开始，待幼儿能力提高后再延长练习时间，做到循序渐进。

（五）平衡的飞机（图6-74）

1. 游戏目的

（1）帮助幼儿学会侧平举的动作，并且幼儿能坚持完成，在游戏中提高幼儿的耐力素质。

（2）培养幼儿坚持不懈的体育精神，促进幼儿身心健康发展。

（3）通过口令的调动，培养幼儿的口令意识，提高幼儿的课堂注意力。

2. 游戏对象

幼儿大班。

3. 游戏准备

定位圈。

4. 游戏方法

老师组织幼儿成一路纵队站立，当老师发出“飞机起飞”的口令时，幼儿双臂成侧平举，保持静止；当老师发出“飞机向右飞”的口令时，幼儿将右臂收回体侧，左臂抬高，保持静止；当老师发出“飞机向左飞”的口令时，幼儿将左臂收回体侧，右臂抬高，保持静止；直到老师发出“飞机降落”的口令，幼儿才能把双臂收回体侧。

图 6-74　平衡的飞机

5. 指导与建议

（1）在幼儿保持侧平举静止的过程中，老师可以讲解与飞机飞行有关的小故事以分散幼儿的注意力来达到锻炼的效果。

（2）根据幼儿能力的不同，老师可以调整练习时间；为增加游戏难度，可以让幼儿手持轻物进行游戏。

（六）我是超人（图 6-75）

1. 游戏目的

（1）帮助幼儿学会台阶测试练习，在游戏中提高幼儿的耐力素质。

（2）培养幼儿坚持不懈的体育精神，促进幼儿身心健康发展。

（3）通过口令的调动，培养幼儿的口令意识，提高幼儿的课堂注意力。

2. 游戏对象

幼儿大班。

3. 游戏准备

高度 30 厘米的台阶。

4. 游戏方法

老师组织幼儿站在台阶后，当老师发出“超人”的口令时，幼儿一边喊“1234”，一边完成踏上台阶和踏下台阶的动作，重复进行，直到老师喊“停”为止。

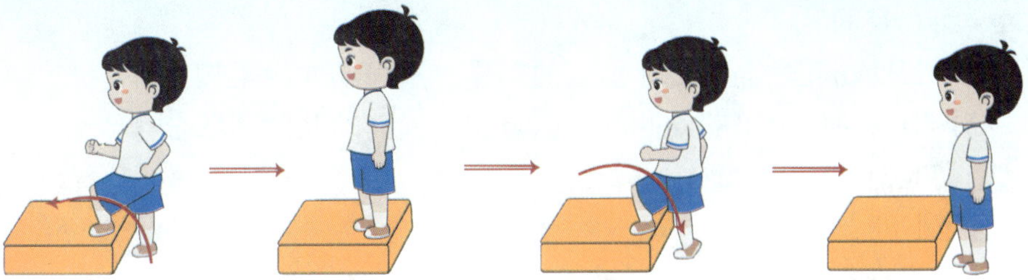

图 6-75　我是超人

5. 指导与建议

（1）老师根据幼儿的能力调整游戏的间隔时间和游戏的组数。

（2）在练习初期，幼儿可以跟着老师一起完成练习。

四、柔韧素质游戏

（一）佩奇洗澡（图 6-76）

1. 游戏目的

帮助幼儿完成肩关节拉伸动作，增加幼儿肩关节活动幅度。

2. 游戏对象

幼儿小班。

3. 游戏准备

毛巾、定位圈。

4. 游戏方法

组织幼儿面向老师站在定位圈中，幼儿根据老师的口令与示范，幼儿双手抓住毛巾，完成洗澡动作（肩关节柔韧练习），老师示范各种洗澡动作，增强幼儿的柔韧素质。

图 6-76　佩奇洗澡

5. 指导与建议

（1）可以结合音乐进行游戏，提高幼儿的兴趣。

（2）在动作模仿过程中，老师进行指导与帮助，幼儿完成柔韧性练习。

（二）快乐击掌（图 6-77）

1. 游戏目的

（1）帮助幼儿学会坐姿体前屈的动作，增强幼儿的柔韧性。

（2）两人一组，培养幼儿的团队意识，提高幼儿的团队合作能力。

2. 游戏对象

幼儿小班。

3. 游戏准备

垫子。

4. 游戏方法

将幼儿分成两人一组，面对面坐下，双腿并拢伸直，脚底相对。游戏开始后，当老师发出口令“1”时，两位幼儿双臂前伸击掌一次，保持膝盖伸直，当老师发出口令“2”时，两位幼儿双臂前伸击掌两次，以此类推，完成快乐击掌游戏。

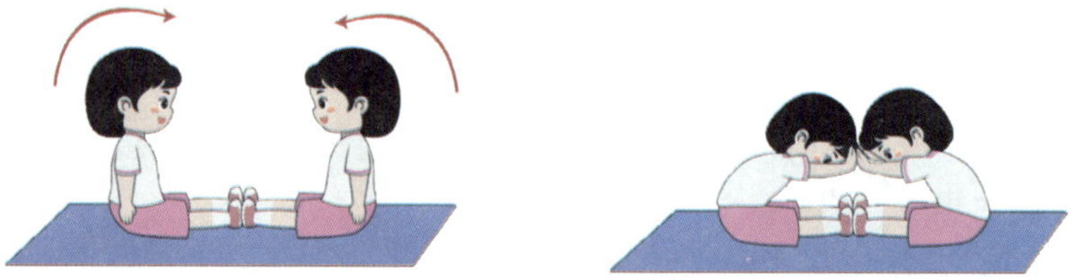

图 6-77　快乐击掌

5. 指导与建议

（1）可以先要求一位幼儿双腿伸直，另一位幼儿曲腿进行练习，以降低难度，循序渐进，直到两人可以同时双腿伸直完成游戏为止。

（2）游戏前，老师应带领幼儿完成热身练习，避免运动损伤，以确保幼儿的运动安全。

（三）快乐传递（图 6-78）

1. 游戏目的

（1）帮助幼儿学会腹背运动的动作，增强幼儿腹部的柔韧性。

（2）两人一组，培养幼儿的团队意识，提高幼儿的团队合作能力。

2. 游戏对象

幼儿中班。

3. 游戏准备

玩具熊。

4. 游戏方法

将幼儿分成两人一组，背对背分腿站立。游戏开始后，第一位幼儿双手持玩具熊从头顶传给第二位幼儿，第二位幼儿用双手从头顶接过玩具熊后从胯下把玩具熊传回给第一位幼儿，完成 5 次后进行动作交换。

图 6-78　快乐传递

5. 指导与建议

（1）可以通过适当拉开幼儿之间的距离，增加练习的难度，提高练习难度从而有效锻炼幼儿腰腹部的柔韧性。

（2）可以在游戏过程中，加入口令，提高幼儿练习的积极性。

（四）拉大锯（图 6-79）

1. 游戏目的

（1）帮助幼儿学会坐姿体前屈的动作，增强幼儿的柔韧性。

（2）两人一组，培养幼儿的团队意识，提高幼儿的团队合作能力。

2. 游戏对象

幼儿中班。

3. 游戏准备

垫子。

4. 游戏方法

将幼儿分成两人一组，面对面坐下，双腿并拢伸直，脚底相对，双手相握。游戏开始后，两位幼儿随着音乐《拉大锯》的节奏进行前后拉动。

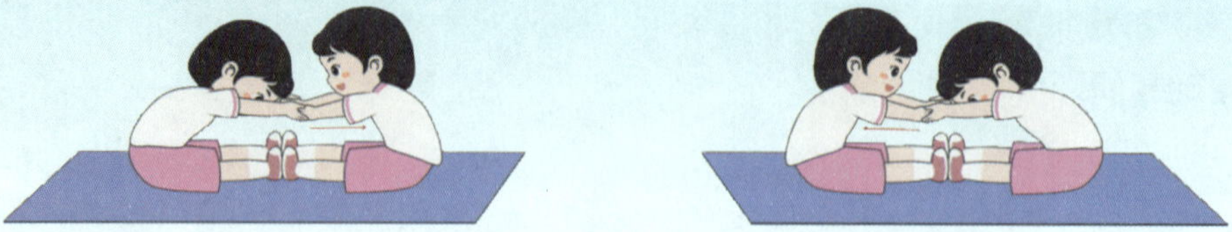

图 6-79 拉大锯

5. 指导与建议

（1）对于柔韧性较差的幼儿，允许其膝关节微屈，同时提醒幼儿不要用力过度，以避免损伤。

（2）游戏前，老师应带领幼儿完成热身练习，避免运动损伤，以确保幼儿的运动安全。

（五）鸭子学步（图 6-80）

1. 游戏目的

帮助幼儿学会体前屈的动作，并能抓住脚踝行进，增强幼儿下肢的柔韧性。

2. 游戏对象

幼儿大班。

3. 游戏准备

定位圈、标志桶。

4. 游戏方法

将幼儿分成人数相等的若干小组，老师带领第一组幼儿从起点向终点出发，“小鸭子”（幼儿）跟在“鸭妈妈”（老师）后面学习走路，用双手抓住脚踝，保持膝关节伸直，抵达终点后换下一组，直到所有幼儿完成游戏为止。

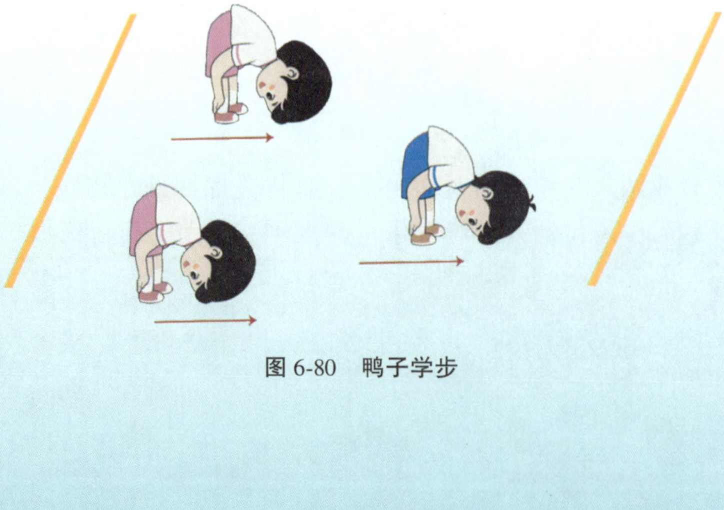

图 6-80 鸭子学步

5. 指导与建议

（1）起点与终点之间的距离建议设置为 10~15 米，对于柔韧性较差的幼儿，允许其微屈膝关节。

（2）游戏前，老师应带领幼儿完成热身练习，避免运动损伤，以确保幼儿的运动安全。

（六）脚趾爬墙（图 6-81）

1. 游戏目的

帮助幼儿学会踢腿的动作，增强幼儿下肢的柔韧性。

2. 游戏对象

幼儿大班。

3. 游戏准备

便利贴、定位圈。

4. 游戏方法

将幼儿分成人数相等的若干小组，老师在墙上贴上便利贴，便利贴的高度从幼儿的膝关节至胸口处不等。游戏开始后，组织各组幼儿站在定位圈中用单腿将墙上的便利贴“摘”下，率先“摘”完的小组获胜。

图 6-81　脚趾爬墙

5. 指导与建议

（1）老师根据幼儿的能力确定便利贴的高度，从低到高，逐渐增加难度，以锻炼幼儿的柔韧性。

（2）便利贴也可以换成悬挂的气球。

（3）游戏前，老师应带领幼儿完成热身练习，避免运动损伤，以确保幼儿的运动安全。

五、灵敏素质游戏

（一）抓跳蚤（图 6-82）

1. 游戏目的

提高幼儿的注意力，以最快的速度抓住六角球，增强幼儿的灵敏性。

2. 游戏对象

幼儿小班。

3. 游戏准备

六角球。

4. 游戏方法

将幼儿分成两人一组，第一位幼儿手持六角球（跳蚤），和第二位幼儿相距 1 米面对面站立，当老师发出“放”的口令时，第一位幼儿将“跳蚤”放出，第二位幼儿用最短的时间抓住“跳蚤”，然后进行交换练习。

图 6-82 抓跳蚤

5. 指导与建议

（1）老师提醒幼儿丢球的高度不要超过头顶，避免砸伤。

（2）可以让幼儿用网兜去捕捉“跳蚤”，以增加游戏难度，从而提高幼儿的灵敏性，同时提高其手眼协调能力。

（二）抓尾巴（图 6-83）

1. 游戏目的

帮助幼儿在跑动中完成变向、急停等动作，增强幼儿的灵敏性。

2. 游戏对象

幼儿小班。

3. 游戏准备

丝巾。

4. 游戏方法

老师将丝巾塞在幼儿的裤腰后面当作“尾巴”。游戏开始后，幼儿在指

图 6-83 抓尾巴

定区域内尽力把其他幼儿的"尾巴"抓下，失去"尾巴"的幼儿，同样可以去抓别人的尾巴，在规定时间内抓到尾巴最多的幼儿获胜。

5. 指导与建议

（1）老师提醒幼儿在游戏过程中注意抬头观察，避免冲撞。

（2）严格按照游戏要求进行，不允许通过推、拉、撞等不正当手段进行游戏。

（3）为增强游戏的趣味性，老师可以提前准备动物头套。

（三）看谁反应快（图 6-84）

1. 游戏目的

帮助幼儿运用脚步移动躲避来球，提高幼儿的躲避能力，增强幼儿的灵敏性。

2. 游戏对象

幼儿中班。

3. 游戏准备

瑜伽球或软式排球。

4. 游戏方法

组织幼儿面向老师站在指定区域内，老师向幼儿扔出瑜伽球或软式排球，幼儿以最快的速度进行躲避，触碰到瑜伽球的幼儿到区域外协助老师一起扔球，直到最后一名幼儿被球击中为止。

图 6-84 看谁反应快

5. 指导与建议

（1）提高幼儿的规则意识，严格要求幼儿不能离开指定区域。

（2）可以把大的瑜伽球或软式排球换成较小的沙包，以增加游戏难度。

（3）可以根据人数的多少，设定游戏区域大小。

（四）森林探险（图 6-85）

1. 游戏目的

幼儿通过模仿老师动作，用最快的移动速度通过各种障碍物，增强幼儿的灵敏性。

2. 游戏对象

幼儿中班。

3. 游戏准备

标志杆、小栏架、滚筒、绳梯。

4. 游戏方法

老师设计障碍路线，跑过小路（绳梯），跨过小溪（小栏架），躲避灌木丛（高矮标志杆），钻过树洞（滚筒），最后穿过森林。老师组织幼儿顺利完成森林穿越，用时最短、失误最少的幼儿获胜。

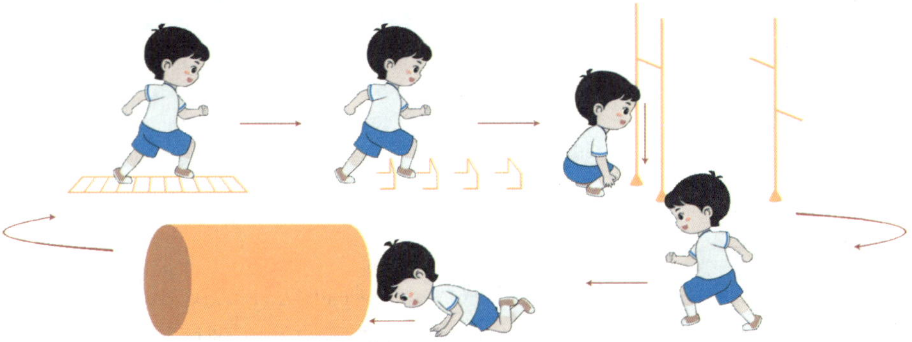

图 6-85　森林探险

5. 指导与建议

（1）老师提醒幼儿按指定路线、指定动作完成，幼儿通过不断改变身体姿势躲避障碍物。

（2）老师可根据幼儿的能力确定距离和障碍物数量。

（五）不倒翁（图 6-86）

1. 游戏目的

（1）用最快的移动速度，稳住标志杆，增强幼儿的灵敏性。

（2）通过口令调动幼儿同时起跑，培养幼儿的合作能力。

2. 游戏对象

幼儿大班。

3. 游戏准备

标志杆、定位圈。

4. 游戏方法

将幼儿分成两人一组，两位幼儿分别单手持标志杆相距 3 米，面对面站立在定位圈中。游戏开始后，当老师发出“开始”的口令时，两位幼儿迅速跑到对面同伴的位置，抓住对方的标志杆不让其倒下，两根标志杆都没倒下，则为获胜组。

图 6-86　不倒翁

5. 指导与建议

（1）老师根据幼儿的能力调整距离，通过不同的口令提高幼儿的反应能力。

（2）可以增至三人或多人一组，以增加游戏难度。

（六）彩色罗盘（图 6-87）

1. 游戏目的

通过颜色、方向的变化，锻炼幼儿脚步的灵活性，增强幼儿的灵敏素质。

2. 游戏对象

幼儿大班。

3. 游戏准备

各种颜色的标志桶、定位圈。

4. 游戏方法

老师在相距幼儿 3 米的前后左右四个方位，分别摆放红黄蓝绿四种颜色

图 6-87　彩色罗盘

的标志桶。游戏开始后，当幼儿听到老师发出“开始”的口令时，幼儿从中心处的定位圈中出发，按红黄蓝绿的顺序分别触摸标志桶后返回至中心位置，每次触摸标志桶后，须返回中心点才可以向下一个标志桶出发，用时最少的幼儿获胜。

5. 指导与建议

（1）老师根据幼儿的能力调整距离，通过不同的口令提高幼儿的反应能力。

（2）可让幼儿根据老师所给出的颜色进行移动，以增加游戏难度。

六、平衡素质游戏

（一）金鸡独立（图 6-88）

1. 游戏目的

帮助幼儿学会单脚支撑的动作，增强幼儿的平衡能力。

2. 游戏对象

幼儿小班。

3. 游戏准备

标志线。

4. 游戏方法

老师组织幼儿手拉手围绕着标志线进行慢走，当老师发出“金鸡独立”的口令时，幼儿抬起一只脚进行单脚站立，保持平衡，直到老师发出“齐步走”口令，幼儿才能单脚放下进行慢走。

图 6-88 金鸡独立

5. 指导与建议

（1）老师可以事先在场地内画出大大的圆圈，幼儿手拉手围绕着圆圈慢走。

（2）老师根据幼儿的能力控制单脚站立的时间。

（3）要求幼儿独立完成单脚站立，以增加游戏难度。

（二）过独木桥（图 6-89）

1. 游戏目的

帮助幼儿完成平衡木行走，增强幼儿的平衡能力。

2. 游戏对象

幼儿小班。

3. 游戏准备

独木桥。

4. 游戏方法

将幼儿分成人数相等的若干小组，每组第一位幼儿站在独木桥的一端。游戏开始后，第一位幼儿快速通过独木桥，然后从一侧跑步返回与第二位幼儿击掌，第二位幼儿击掌后完成相同的练习，以此类推，最先完成的小组获胜。

图 6-89　过独木桥

5. 指导与建议

（1）为保证幼儿的安全，在独木桥下放置软垫。

（2）鼓励幼儿采用不同的方式（如侧并步、交叉步等）通过独木桥。

（3）根据幼儿的能力选择独木桥的长度与类型。

（三）青蛙过河（图 6-90）

1. 游戏目的

帮助幼儿学会跳上波速球，增强幼儿的平衡能力。

2. 游戏对象

幼儿中班。

3. 游戏准备

标志杆、波速球。

4. 游戏方法

将幼儿分成人数相等的若干小组，每组第一只“小青蛙”（幼儿）站在起点线后，在起点与终点之间放置四个波速球。游戏开始后，第一只“小青蛙”双脚同时跳上“荷叶”（波速球），并保持身体平衡，之后依次同样跳上其余三片“荷叶”，快速通过终点，然后跑步返回与第二只“小青蛙”击掌，第二只“小青蛙”击掌后完成相同的练习，以此类推，率先完成的小组获胜。

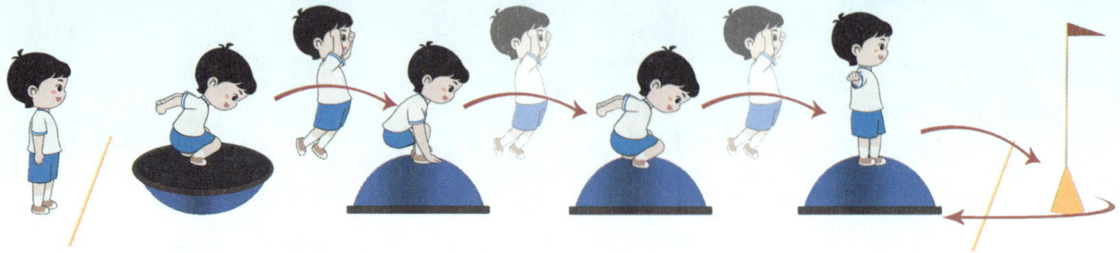

图 6-90 青蛙过河

5. 指导与建议

（1）老师根据幼儿的能力调整波速球之间的距离。

（2）老师提醒幼儿尽可能双脚同时起跳落在波速球上，能力较差的幼儿可以走到波速球上。

（3）可以将波速球反置，以增加游戏难度，提高幼儿的平衡能力。

（四）旋转小陀螺（图 6-91）

1. 游戏目的

帮助幼儿学会在并脚跳的过程中完成空中转体动作，增强幼儿的平衡能力。

2. 游戏对象

幼儿中班。

3. 游戏准备

脚印贴纸、标志杆。

4. 游戏方法

将幼儿分成人数相等的若干小组，每组第一个“小陀螺”（幼儿）站在起点线后，起点到终点之间按正方向、左侧方向、正方向、右侧方向的顺序贴上脚印贴。游戏开始后，第一个“小陀螺”（幼儿）根据脚印的指向进行

图 6-91 旋转小陀螺

旋转跳跃，行进至终点后慢跑返回与第二个“小陀螺”击掌，第二个“小陀螺”击掌后完成相同的练习，以此类推，率先完成的小组获胜。

5. 指导与建议

（1）起点与终点的距离为10~15米，也可以根据幼儿的能力调整脚印贴之间的距离。

（2）游戏前，老师应先教会幼儿并脚跳的动作。

（五）猫走独木桥（图6-92）

1. 游戏目的

帮助幼儿学会以手脚并用的方式通过独木桥，增强幼儿的平衡能力。

2. 游戏对象

幼儿大班。

3. 游戏准备

独木桥。

4. 游戏方法

将幼儿分成人数相等的若干小组，每组第一只“小猫咪”（幼儿）站在独木桥的一端。游戏开始后，第一只“小猫咪”四肢并用爬行通过独木桥，然后跑步返回与第二只“小猫咪”击掌，第二只“小猫咪”击掌后完成相同的练习，以此类推，率先完成的小组获胜。

图6-92　猫走独木桥

5. 指导与建议

（1）为保证幼儿的安全，在独木桥下放置软垫。

（2）鼓励幼儿采用不同的方式（左右依次前行、双手双脚交替进行等）通过独木桥。

（3）根据幼儿的能力选择独木桥的长度与类型。

（六）飞翔的燕子（图6-93）

1. 游戏目的

帮助幼儿学会燕式平衡的动作，提高幼儿的平衡能力。

2. 游戏对象

幼儿大班。

3. 游戏准备

定位圈。

4. 游戏方法

方法一：组织幼儿围成一个圈站立，当老师喊出“飞翔”的口令时，幼儿张开双臂，向后抬起一条腿，单脚站立在定位圈中，进行燕子飞翔，比一比谁的飞翔时间更长。

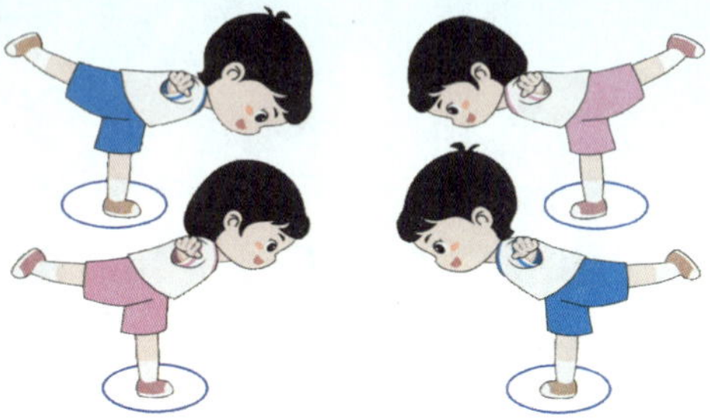
图 6-93　飞翔的燕子

方法二：老师把幼儿分成两人一组，当老师喊出“飞翔”的口令时，一人保护，一人张开双臂向后抬起一条腿，进行燕子飞翔，小组进行对比，飞翔时间最长的小组获胜。

5. 指导与建议

（1）游戏前，老师应先教会幼儿单脚站立。燕式平衡动作属于较难的动作，可以根据幼儿的能力调整动作的标准程度。

（2）为提高平衡能力，尽可能保证幼儿支撑脚不移动。

七、协调素质游戏

（一）螃蟹回家（图 6-94）

1. 游戏目的

帮助幼儿学会螃蟹侧向爬行的动作，培养幼儿的协调性。

2. 游戏对象

幼儿小班。

3. 游戏准备

标志杆。

4. 游戏方法

将幼儿分成人数相等的若干小组，每组第一位幼儿站在起点线后。游戏开始后，第一位幼儿模仿螃蟹侧向爬行移动至终点后，绕过标志杆跑步返回与第二位幼儿击掌，第二位幼儿击掌后完成相同的练习，以此类推，率先完成的小组获胜。

图 6-94　螃蟹回家

5. 指导与建议

（1）游戏前，老师应先指导幼儿学会侧向爬行动作。

（2）起点与终点之间的距离设置为 10～15 米，也可以根据幼儿的能力适当调整距离。

（二）熊猫翻山（图 6-95）

1. 游戏目的

帮助幼儿学会熊猫爬行过栏架的动作，培养幼儿的手脚协调性。

2. 游戏对象

幼儿小班。

3. 游戏准备

标志杆、小栏架。

4. 游戏方法

将幼儿分成人数相等的若干小组，每组第一位幼儿站在起点线后，起点与终点之间设置多个不同高度的栏架。游戏开始后，第一位幼儿从起点出发采用熊猫爬行的方式翻过不同高度的栏架，抵达终点后绕过标志杆跑步返回与第二位幼儿击掌，第二位幼儿击掌后完成相同的练习，以此类推，率先完成的小组获胜。

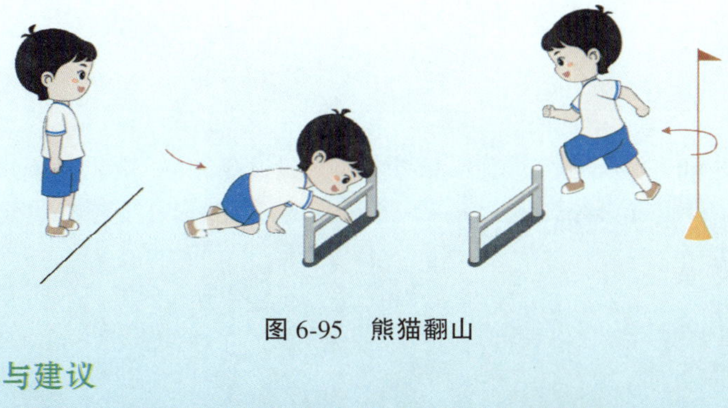

图 6-95　熊猫翻山

5. 指导与建议

（1）游戏前，老师应先指导幼儿完成爬行过障碍练习。

（2）起点与终点之间的距离设置为 10～15 米，也可以根据幼儿的能力适当调整距离。

（三）赶小鸡游戏（图 6-96）

1. 游戏目的

帮助幼儿学会双手滚双球的动作，培养幼儿的手眼协调性。

2. 游戏对象

幼儿中班。

3. 游戏准备

标志杆、篮球。

4. 游戏方法

将幼儿分成人数相等的若干小组，每组第一位幼儿持球站在起点线后。游戏开始后，第一位幼儿用双手推滚两个球，绕过标志杆抵达终点，然后抱球跑步返回后把球交给第二位幼儿，第二位幼儿完成相同的练习，以此类推，率先完成的小组获胜。

图 6-96　赶小鸡游戏

5. 指导与建议

（1）游戏前，老师应先指导幼儿完成双手滚双球练习。

（2）起点与终点之间的距离设置为 10～15 米，中间可以摆放 5～6 根标志杆。

（四）大猩猩耍酷（图 6-97）

1. 游戏目的

帮助幼儿学会大猩猩爬行的动作，培养幼儿的手脚协调性。

2. 游戏对象

幼儿中班。

3. 游戏准备

标志杆。

4. 游戏方法

将幼儿分成人数相等的若干小组，每组第一位幼儿站在起点线后。游戏开始后，第一位幼儿采用猩猩爬行的方式向前通过终点，然后绕过标志杆跑步返回与第二位幼儿击掌，第二位幼儿击掌后完成相同的练习，以此类推，率先完成的小组获胜。

图 6-97 大猩猩耍酷

5. 指导与建议

（1）游戏前，老师应先教会幼儿猩猩爬行动作。

（2）起点与终点之间的距离设置为 10~15 米，也可以根据幼儿的能力适当调整距离。

（五）匍匐前进（图 6-98）

1. 游戏目的

帮助幼儿学会匍匐前进的动作，提高幼儿的全身协调性。

2. 游戏对象

幼儿大班。

3. 游戏准备

标志杆、垫子。

4. 游戏方法

将幼儿分成人数相等的若干小组，每组第一位幼儿站在起点线后。游戏开始后，第一位幼儿采用匍匐前进的方式，穿越“草地”（垫子），抵达终点后绕过标志杆跑步返回与第二位幼儿击掌，第二位幼儿击掌后完成相同的练习，以此类推，率先完成的小组获胜。

5. 指导与建议

（1）游戏前，老师应先教会幼儿匍匐前进动作。

（2）选用柔软且干净的地面进行游戏。

（3）起点与终点之间的距离设置为 10~15 米，也可以根据幼儿的能力适当调整距离。

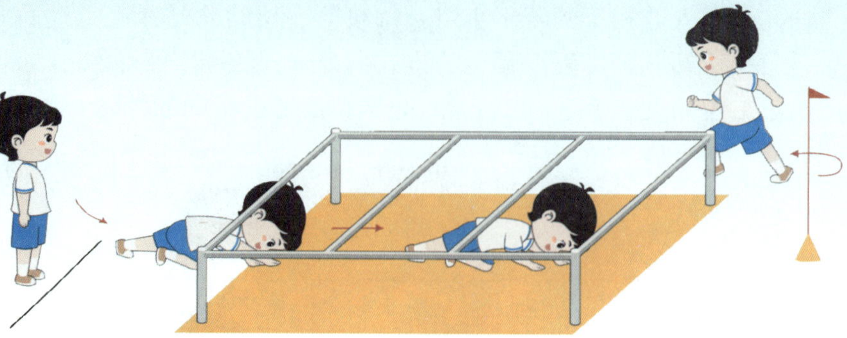

图 6-98 匍匐前进

（六）飞跃海岸线（图 6-99）

1. 游戏目的

帮助幼儿学会助跑起跳的动作，提高幼儿的全身协调性。

2. 游戏对象

幼儿大班。

3. 游戏准备

标志杆、小栏架。

4. 游戏方法

将幼儿分成人数相等的若干小组，每组第一位幼儿站在起点线后。游戏开始后，第一位幼儿迅速跑动并跨越“海岸线”（小栏架），抵达终点后绕过标志杆跑步返回与第二位幼儿击掌，第二位幼儿击掌后完成相同的练习，以此类推，率先完成的小组获胜。

图 6-99 飞跃海岸线

5. 指导与建议

（1）游戏前，老师应先指导幼儿学会助跑起跳动作。

（2）根据幼儿的能力设置高度不同的“海岸线”。

参考文献

[1] Jill A.Johnstone, Molly Ramon.儿童感知-运动活动指导:儿童运动和学习技能训练指南[M].王嘉,李榴柏,译.北京:北京大学医学出版社,2015.

[2] 董奇,陶沙.动作与心理发展[M].北京:北京师范大学出版社,2004.

[3] 蒙台梭利.蒙台梭利敏感期早教手册[M].张丽,孙丽娟,编译.北京:北京理工大学出版社,2017.

[4] 李季湄,冯晓霞.《3—6岁儿童学习与发展指南》解读[M].北京:人民教育出版社,2013.

[5] GregPayne,耿培新,梁国立,等.人类动作发展概论[M].北京:人民教育出版社,2008.

[6] M.Rhonda Folio, Rebecca R. Fewell. Peabody运动发育量表(上、下册)[M].2版.李明,黄真,主译.北京:北京大学医学出版社,2006.

[7] 汪超.学前儿童体育[M].上海:复旦大学出版社,2015.

[8] 谈胜初.幼儿趣味形体操[M].北京:高等教育出版社,2013.

[9] 陈洪淼.日本幼儿体育活动这样做[M].上海:华东师范大学出版社,2020.

[10] 沈灵君.幼儿趣味足球游戏100例[M].宁波:宁波出版社,2015.

[11] 孔国贤,罗志远.幼儿快乐足球活动指南[M].广州:广东高等教育出版社,2016.

[12] 王崇喜.球类运动——足球[M].3版.北京:高等教育出版社,2015.

[13] 中华人民共和国教育部.3—6岁儿童学习与发展指南[M].北京:首都师范大学出版社,2012.

[14] 中华人民共和国教育部.幼儿园教育指导纲要(试行)[M].北京:北京师范大学出版社,2001.

[15] 顾荣芳,薛菁华.幼儿园健康教育[M].北京:人民教育出版社,2004.

[16] 范蕙静.幼儿园健康教育活动指导[M].北京:人民教育出版社,2015.

[17] 龚平.幼儿足球全域课程[M].大连:辽宁师范大学出版社,2019.

[18] 龚平.幼儿足球启蒙课程[M].大连:辽宁师范大学出版社,2016.

[19] 尹俊卿,梁冠琦.幼儿足球[M].长沙:湖南师范大学出版社,2017.

[20] 王家宏.球类运动——篮球[M].3 版.北京:高等教育出版社,2015.

[21] 凯文·A.普赛克(Kevin A.Prusak).少儿篮球训练游戏:3—12 岁[M].单曙光,冯媛媛,李帅,译.北京:人民邮电出版社,2020.

[22] 郑佳珍,朱炳昌.幼儿体育游戏指导[M].北京:高等教育出版社,2004.

[23] 刘馨,张首文.幼儿园健康教育资源(体育活动)[M].北京:人民教育出版社,2018.

[24] 中国教育科学研究院早期研究中心.幼儿体育游戏与体操[M].北京:教育科学出版社,2015.

[25] 刘馨.幼儿体育活动设计与指导[M].北京:北京师范大学出版社,2004.

[26] 范蕙静.幼儿园健康教育活动指导[M].北京:人民教育出版社,2015.

[27] 王燕华,杨雪扬.幼儿体育游戏设计[M].北京:北京大学出版社,2017.

[28] 张俊,贾宗萍.幼儿乐玩乐学课程.乐玩乐学老师指导用书.小班上[M].合肥:安徽大学出版社,2019.

[29] 李伟,代杰.亲子体能训练 100 例[M].北京:清华大学出版社,2020.